Libro de co para principiantes

Recetas a prueba de tontos y saludables basadas en plantas para limpiar y energizar su cuerpo mientras pierde peso

Escrito por

JANE BRACE

Tabla de contenidos

VEGANO AMIGABLE PARA56 NIÑOS 5356

VEGAN SNACKS & FINGER FOODS70 6570

LOS FAVORITOS - ESTILO VEGANO85 7785

Albóndigas rellenas de queso86 7886

Ultimate Twice-Baked Potatoes89 8089

Hamburguesas de Queso Doble Doble Doble91 8291

Tacos Portobello Marinados con Salsa Aguacate-Corn93 8493

Lazy Vegan Chile Relleno Casserole95 8695

Jackfruit Carnitas Burrito Bowl97 8897

VEGANO EQUILIBRADO100 91100

Ensalada de garbanzos101 chinos 92101

Pecan Pesto Spaghetti Squash with Peas & Kale103 94103

Chile-Roasted Tazas de Lechuga de Tofu105 96105

Buddha Bowl107 98107

Beet Hummus Collard Wraps109 100109

Ensalada de Quinua Verde111 102111

No-Bake Zucchini Manicotti113 104113

HOMESTYLE VEGAN116 107116

Sopa de garbanzos y117 dumplin' 108117

Shiitake Stroganoff119 110119

Rollos de repollo sin resercar121 112121

Casserole de no atún123 114123

Tempeh125 116125 con acristalamiento de barbacoa

Salchicha de shroom ahumado y goulash de patata roja126 117126

CONVERSIONES MÉTRICAS 119

VEGAN STAPLES

VEGAN PANTRY STAPLES CUYA FAMILIA ESTARÁ DISPUESTA A USAR

EN ESTE CAPÍTULO

Quick Bacon Crumbles

HACE 2 TAZAS

TIEMPO DE PREP: 5 minutos TIEMPO ACTIVO: 30 minutos

Una de 8 onzas. Paquete tempeh (sin soja si es necesario)

1/4 de taza de aminoácidos líquidos (o tamari sin gluten; use aminoácidos de coco para estar libre de soja)

1/4 de taza de caldo de verduras con bajo contenido de sodio

2 cucharadas de aceite de oliva

1 cucharada de humo líquido

1 cucharada de jarabe de arce

1/2 cucharadita de comino molido

1/2 cucharadita de ajo en polvo

Pimienta negra al gusto

1. Forro un plato con toallas de papel. Desmenuzar el tempeh en trozos pequeños y reserva.

2. Combine los aminoácidos líquidos, el caldo, 1 cucharada del aceite de oliva, el humo líquido, el jarabe de arce, el comino y el ajo en polvo en una taza. Revuelve hasta que se combinen.

3. Caliente el aceite de oliva restante en una sartén grande, preferiblemente de hierro fundido, a fuego medio. Agregue los desmoronamientos tempeh y revuelgue para recubrir en aceite. Cocine durante aproximadamente 1 minuto y, a continuación, agregue la salsa. Cocine, revolviendo cada poco minuto, hasta que el líquido haya sido absorbido y el tempeh esté tierno con un exterior crujiente.

4. Transfiera el tempeh a la placa preparada para absorber cualquier exceso de aceite. Espolvorea con pimienta negra. Servir inmediatamente. Las sobras se mantendrán en un recipiente hermético en la nevera durante 4 a 5 días.

Salsa básica de queso de anacardo

HACE 3/4 DE TAZA

TIEMPO DE PREP: 5 minutos TIEMPO ACTIVO: 10 minutos TIEMPO DE INTE INACTIVO: 60 minutos

1/2 taza de anacardos crudos, empapados en agua tibia durante al menos 1 hora y escurridos, con agua reservada

5 a 6 cucharadas de agua de remojo reservada

2 cucharadas de jugo de limón

2 cucharadas de levadura nutricional

1/2 cucharadita de miso de soja blanco (o miso de garbanzo)

Combine los anacardos, 1/4 de taza del agua de remojo reservada, el jugo de limón, la levadura nutricional y el miso en un procesador de alimentos o licuadora y procese hasta que quede suave. Agregue hasta 2 cucharadas más de agua para una salsa más delgada. Conservar en un recipiente hermético en el refrigerador durante un máximo de 7 días. El queso se espesará cuando se enfríe, por lo que es posible que necesite agregar más agua para adelgazar de nuevo (a menos que desee un queso esparcido, como se describe en las Variaciones).

Variaciones

▶ Salsa de queso Gouda ahumado: Agregue 1 cucharadita de pimentón ahumado, 1/2 cucharadita de ajo en polvo y 1/2 cucharadita de eneldo seco.

▶ Salsa de queso Pepperjack: Agregue 1/2 cucharadita de cebolla en polvo, 1/2 cucharadita de ajo en polvo y 1 cucharadita de hojuelas de pimiento rojo.

▶ Salsa mixta de queso de hierbas: Agregue 2 cucharaditas de hierbas mixtas secas de su elección. Prefiero 1/2 cucharadita de tomillo seco, 1/2 cucharadita de perejil seco, 1/2 cucharadita de orégano seco y 1/2 cucharadita de albahaca seca, pero cualquier mezcla servirá.

▶Queso derretido: Para el queso que parece derretido y los marrones cuando se hornean, para la receta principal o cualquiera de las variaciones, aumente el agua a 2/3 taza y agregue 1 cucharada de polvo de raíz de flecha o almidón de maíz. Transfiera el queso a una olla pequeña y caliente a fuego medio, revolviendo constantemente, de 3 a 4 minutos, hasta que seespese pero siga goteando lentamente de una cuchara. Vierte encima de lo que estés horneando y sigue con las instrucciones de esa receta.

▶ Queso esparcido: Use solo 3 cucharadas de agua, o use la cantidad regular y enfríe la salsa de queso durante al menos 24 horas. La salsa se espesará en un pliego.

Pepita Parmesano

HACE 3 TAZAS

TIEMPO DE PREP: 5 minutos TIEMPO ACTIVO: 2 minutos

21/2 tazas de pepitas (semillas de calabaza)

1/2 taza de levadura nutricional

11.2 cucharaditas de jugo de limón

Combine todos los ingredientes en un procesador de alimentos y pulse hasta que se descomprima en un polvo grueso. Transfiera a un recipiente hermético. Las sobras se mantendrán en la nevera durante un máximo de 2 semanas.

Repollo rojo en escacurrido y cebolla Sabor

HACE 5 TAZAS

TIEMPO DE PREP: 10 minutos TIEMPO ACTIVO: 10 minutos TIEMPO DE INTE INACTIVO: 3 a 4 horas

2 tazas de vinagre de sidra de manzana, más si es necesario

2/3 taza de azúcar morena (o azúcar de coco)

1 cucharadita de sal

3 bayas de pimienta

3 clavos de olor

1 cebolla roja mediana, cortada a la mitad y muy cortada en rodajas finas

3 tazas de repollo rojo rallado o muy en rodajas finas

1. Combine el vinagre, el azúcar, la sal, la especia y el clavo de olor en una olla pequeña y ponga a hervir. Una vez que el azúcar se haya disuelto por completo, después de aproximadamente 1 minuto, retirar del fuego y reservar.

2. Empaquete la cebolla y el repollo en un frasco grande de encurtido o en un recipiente hermético. Vierta la mezcla de vinagre sobre las verduras. Si las verduras no están completamente sumergidas, agregue más vinagre hasta que estén. Selle el recipiente y agite para combinarlo completamente. Refrigere durante 3 a 4 horas antes de usar. Las sobras se mantendrán en la nevera durante 7 a 10 días.

Crema de Sopa de Champiñones

HACE 31/2 TAZAS

TIEMPO DE PREP: 8 minutos TIEMPO ACTIVO: 20 minutos TIEMPO DE INTEO: 30 minutos

Coliflor de cabeza grande de 1/2 a 2 libras, dividida en floretes

2 cucharaditas de mantequilla vegana (sin soja si es necesario)

8 onzas de champiñones cremini (o champiñones abotonados), en rodajas

2 cucharaditas de aminoácidos líquidos (o tamari sin gluten; utilizar aminoácidos de coco para ser libre de soja)

1/2 taza de anacardos crudos (si no tienes una licuadora de alta velocidad, remoja en agua tibia durante al menos 30 minutos y escurra; deseche el agua)

1 taza de leche no aireada sin endulzar (sin soja si es necesario)

2 cucharadas de levadura nutricional

1 cucharada de polvo de raíz de flecha (o almidón de maíz)

1 cucharadita de tomillo seco

1/2 cucharadita de ajo en polvo

1/2 cucharadita de sal

1. Coloque la coliflor en una cesta de vapor sobre una olla de agua hirviendo y cúbrase. Cocine al vapor la coliflor hasta que esté tierna, de 7 a 10 minutos.

2. Mientras tanto, derrita la mantequilla en una sartén grande a fuego medio. Agregue los champiñones y los aminoácidos líquidos y cocine hasta que estén tiernos, unos 8 minutos. Retirar del fuego.

3. Combine la coliflor al vapor, los anacardos, la leche, la levadura nutricional, la levadura de flecha en polvo, el tomillo, el ajo en polvo y la sal en una licuadora y mezcle hasta que quede suave. Añade los champiñones (y si lo deseas, su líquido de cocción) y el pulso hasta que estén en pequeños trozos incorporados en todo. Puedes usar la sopa de inmediato en una receta.

4. Si no lo está utilizando de inmediato, deje que se enfríe completamente antes de transferirlo a un recipiente hermético. La sopa se mantendrá durante 5 a 7 días en la nevera o 2 meses en el congelador. Si lo congela, déjelo descongelar completamente antes de usarlo.

Variación

Convierte esto en el tipo de sopa que comes en un tazón (idea novedosa, lo sé, pero asienta, amante de la cazuela): Combina la sopa con 2 tazas de agua o caldo de verduras con bajo contenido de sodio en una olla y calienta a fuego medio, revolviendo ocasionalmente, hasta que se caliente.

Aderezo de rancho de aguacate

HACE 13/4 TAZAS

TIEMPO DE PREP: 5 minutos TIEMPO ACTIVO: 5 minutos

1 aguacate, deshuesado y pelado

1 taza de leche no aireada sin endulzar (sin nueces y/o sin soja si es necesario)

2 cucharadas de jugo de limón

1 cucharada de vinagre de sidra de manzana

1 cucharadita de jarabe de agave

1/2 cucharadita de ajo en polvo

1/2 cucharadita de cebolla en polvo

1/2 cucharadita de orégano seco

1/2 cucharadita de sal

1/4 de cucharadita de semilla de apio

1/2 cucharadita de eneldo seco

En un procesador de alimentos o licuadora, combine todos los ingredientes. Procesar hasta que quede suave. Para un apósito más delgado, puede agregar más leche no láctea hasta que alcance la consistencia deseada. Refrigere el apósito hasta que esté listo para usar. Las sobras se mantendrán en un recipiente hermético en la nevera durante 1 a 2 días.

Salsa Tahini de Limón

HACE 1 TAZA

TIEMPO DE PREP: 5 minutos TIEMPO ACTIVO: 5 minutos

1/2 taza de tahini (sin gluten si es necesario)

1/4 de taza de leche no aireada sin endulzar (sin nueces y/o sin soja si es necesario)

3 cucharadas de jugo de limón

2 cucharadas de jarabe de arce

1 cucharada de aminoácidos líquidos (o tamari sin gluten; utilizar aminoácidos de coco para estar libre de soja)

1/2 cucharadita de jengibre molido

1/2 cucharadita de ajo en polvo

Combine todos los ingredientes en una taza o un tazón pequeño y revuelva con un tenedor hasta que estén combinados y suaves. Enfríe hasta que esté listo para usar. La salsa se espesará cuanto más se enfríe, por lo que es posible que deba agregar agua para adelgazar antes de usarla. Refrigerar en un recipiente hermético durante un máximo de 7 días.

DESAYUNO VEGANO

PLATOS VEGANOS PARA QUE EL DÍA DE TODOS COMIENCE BIEN

EN ESTE CAPÍTULO

Tofu Rancheros

SERVE 4 O 5

TIEMPO DE PREP: 10 minutos (sin incluir el tiempo para hacer Frijoles Refritos de 15 Minutos)
TIEMPO ACTIVO: 20 minutos

tofu revuelto

1 cucharadita de aceite de oliva

1/2 cebolla amarilla mediana, cortada en cubos

Un bloque de 14 onzas de tofu extra firme

2 cucharadas de caldo de verduras, más si es necesario

1 cucharadita de sal negra (kala namak; o sal regular)

1 cucharadita de comino molido

1/2 cucharadita de pimentón

1/4 cucharadita de cúrcuma molida

3 cucharadas de levadura nutricional, opcional

1 cucharada de jugo de limón

Pimienta negra al gusto

rancheros

8 a 10 tortillas de maíz (2 por persona)

1/2 lote de Frijoles Refritos de 15 Minutos

Salsa

Cilantro fresco picado

Aguacate rebanado, opcional

Repollo o lechuga triturado, opcional

Rábanos rebanados, opcionales

Cebollas verdes picadas, opcionales

Cuñas de cal

1. Para hacer el tofu revuelto: Calienta el aceite de oliva en una sartén grande a fuego medio. Agregue la cebolla y saltee durante 3-4 minutos. Desmenuzar el tofu en la sartén. Cocine, revolviendo suavemente, hasta que el tofu ya no libere agua y esté empezando a dorarse en los bordes, unos 10 minutos. Mientras tanto, combine el caldo, la sal negra, el comino, el pimentón y la cúrcuma en una taza pequeña.

2. Una vez que el tofu haya dejado de liberar agua, agregue la mezcla de caldo. Cocine durante unos 5 minutos más, hasta que el líquido se absorba. Si empieza a pegarse, agregue otra cucharada de caldo para desglasar la sartén y reducir el calor. Agregue la levadura nutricional (si está usando) y el jugo de limón y cocine durante aproximadamente 1 minuto más. Retirar del fuego y cubrir la sartén para mantener caliente.

3. Para hacer los rancheros: Calienta una sartén pequeña a fuego medio. Coloque una tortilla en la sartén y cocine durante aproximadamente 1 minuto, voltéelo y cocine durante unos 30 segundos más. Transfiera a una placa y cúbrala con papel de aluminio. Repita con las tortillas restantes.

4. Esparce algunos frijoles refritos sobre cada tortilla. Cubra con tofu revuelto, un poco de salsa y cilantro. Si lo desea, también puede adecuar con rodajas de aguacate, repollo rallado, rodajas de rábano y/o cebollas verdes. Sirva inmediatamente con una cuña de lima. Cualquier revuelo sobrante se puede mantener en un recipiente hermético en la nevera durante 3 a 4 días.

Panqueques de Maple-Peanut Butter

HACE 8 PANQUEQUES

TIEMPO DE PREP: 10 minutos TIEMPO ACTIVO: 25 minutos

3/4 de taza de harina de avena (certificado sin gluten)

3/4 de taza de mezcla de harina sin gluten (sin soja si es necesario)

1 cucharada de almidón de maíz

1 cucharada de polvo de hornear

1/2 cucharadita de sal

11.4 tazas de leche no aireada (sin nueces y/o sin soja si es necesario)

11/3 taza de jarabe de arce, más más para servir

1/4 de taza de mantequilla de maní sin sal y sin endulzar (o mantequilla de nuez o semilla de su elección)

1 cucharada de vinagre de sidra de manzana

1 cucharadita de extracto de vainilla

Espray de cocina vegano (sin soja si es necesario)

Manteca vegana (sin soja si es necesario), opcional

1. Si no está sirviendo los panqueques inmediatamente, consulte Tip a continuación. En un tazón grande, mezcle la harina de avena, la harina sin gluten, el almidón de maíz, el polvo de hornear y la sal. En un tazón mediano, mezcle la leche, el jarabe de arce, la mantequilla de maní, el vinagre y la vainilla. Agregue los ingredientes húmedos a la seca y revuelva hasta que se combinen.

2. Caliente una sartén grande o una plancha a fuego medio durante un par de minutos. Rocíe ligeramente con spray de cocción. Usando una taza de medición de 1/3taza, colóquela en la sartén y cocine hasta que la parte superior comience a burbujear y los bordes comiencen a levantarse. Usa una espátula para voltear el panqueque. Cocine por uno o dos minutos. Levante suavemente el borde del panqueque para asegurarse de que esté dorado, luego transfiera el panqueque a un plato (o al horno, como en Tip abajo). Repita con el resto de la masa, teniendo cuidado de recrear la sartén entre los panqueques.

3. Sirva los panqueques cubiertos con un poco de mantequilla (si lo desea) y una llovizna de jarabe de arce. Mantenga las sobras en un recipiente hermético en la nevera durante 1 a 2 días.

Variaciones

▶ Estos también se pueden hacer reemplazando la harina de avena, la harina sin gluten y la maicena por 11.2 tazas de harina sin blanquear. Si la masa es demasiado espesa, es posible que deba agregar unas cucharadas de leche no saldérea para adelgazar.

▶ También puede utilizar esta masa para hacer gofres cociéndolo en un fabricante de gofres de acuerdo con las instrucciones de la máquina.

Propina

Si no estás planeando servir los panqueques de inmediato, precalienta el horno a su nivel más bajo antes de empezar a preparar la masa. Coloque un estante de refrigeración en una bandeja para hornear. Una vez hecho un panqueque, transfiéralo al estante de enfriamiento y coloca la hoja en el horno. Continúe transfiriendo todos los panqueques al estante (evitando la superposición si es posible) y manténgalos allí durante un máximo de 20 minutos.

Sabrosa cazuela de desayuno

SIRVE DE 10 A 12

TIEMPO DE PREP: 10 minutos (sin incluir el tiempo para hacer Quick Bacon Crumbles)
 TIEMPO ACTIVO: 20 minutos TIEMPO DE INJEG.

Espray de aceite de oliva

Un bloque de 14 onzas de tofu extra firme

3 tazas de leche no endulzada sin aire (sin nueces si es necesario)

21.2 tazas de harina de garbanzo

2 cucharadas de jugo de limón

2 cucharadas de levadura nutricional

11.2 cucharaditas de sal negra (kala namak; o sal regular)

11.2 cucharaditas de ajo en polvo

1 cucharadita de mostaza en polvo

3/4 de cucharadita de cúrcuma molida

Pimienta negra al gusto

1 cucharadita de aceite de oliva

1/2 cebolla amarilla mediana, cortada en cubos

1 pimiento rojo cortado en cubos

Una bolsa de 16 onzas de hachís congelados

Quick Bacon Crumbles
4 cebollas verdes picadas (partes verdes y blancas)

1. Precalentar el horno a 400 oF. Rocíe ligeramente un plato de horno de 9 × 13 pulgadas con aceite de oliva.

2. Apriete suavemente el tofu sobre el fregadero, liberando cualquier agua extra. Agregue el tofu, la leche, la harina de garbanzo, el jugo de limón, la levadura nutricional, la sal, el ajo en polvo, el polvo de mostaza, la cúrcuma y la pimienta a una licuadora y mezcle hasta que quede suave. Vierta en su tazón más grande.

3. Caliente el aceite de oliva en una sartén grande a fuego medio. Agregue la cebolla y el pimiento y saltee hasta que apenas estén tiernos. Vierta en el recipiente y devuelva la sartén a la estufa. Agregue los marrones de hachís a la sartén y cocine durante unos 5 minutos, revolviendo ocasionalmente, hasta que se descongelen y de color dorado. Retirar del fuego y verter en el recipiente.

4. Agregue el tocino se desmenuza al tazón y revuelva hasta que se mezcle. Vierta en el plato de hornear preparado y espolvoree las cebollas verdes sobre la parte superior. Hornee durante 35 minutos, o hasta que esté firme y un palillo insertado en el centro salga limpio. Retirar del horno y dejar reposar de 5 a 10 minutos antes de servir. Las sobras se mantendrán en un recipiente hermético en la nevera durante 4 a 5 días.

La avena favorita de todos

TIEMPO DE PREP: 2 minutos TIEMPO ACTIVO: 8 minutos

11.2 tazas de agua

1 taza de avena laminada (certificada sin gluten si es necesario; ver Consejo)

1/4 de taza de leche no aireada (sin nueces y/o sin soja si es necesario)

1 a 2 cucharadas de jarabe de arce

1 cucharadita de canela molida

Sal al gusto

1. Combine el agua y la avena en una cacerola pequeña o olla y ponga a hervir. Reducir a fuego lento y cocinar, sin tocar, durante 3 a 4 minutos, hasta que esté ligeramente grueso y pegajoso.

2. Agregue la leche, el jarabe de arce, la canela y la sal y cocine durante 1 a 2 minutos más, hasta que se caliente y haya alcanzado el grosor deseado.

Retirar del fuego y transferir a un recipiente para servir. Sirva inmediatamente con su elección de ingredientes.

Variaciones

Avena de frutas y nueces sencillas: Una vez cocida, avena superior con 1/3 de taza de fruta fresca (plátano en rodajas, fresas picadas, nectarina o melocotón en rodajas, arándanos, frambuesas, moras) y/o 2 cucharadas de fruta seca picada (melocotones, albaricoques, manzana, cerezas, pasas) y/o 1 cucharada de frutos secos picados (almendras, nueces, nueces, anacardos, cacahuetes, nueces de macadamia). Si lo desea, rocíe con un poco más de jarabe de arce.

Avena de cesina de canela: Aumenta la cantidad de canela a 11.2 cucharaditas y añade 1 cucharada de melaza negra y 1/4 de taza de pasas a la avena cuando añadas la leche. Cubra con 1 cucharada de pasas adicionales, una llovizna de jarabe de arce y/o 1 cucharada de nueces picadas.

Mantequilla de cacahuete y avena de plátano: Al añadir la leche, añadir 1/3 de taza de plátanos en rodajas y 1 cucharada de mantequilla de maní. Cubra con unas cuantas rodajas de plátano más, 1 cucharada de cacahuetes picados y lloviznas de mantequilla de maní y jarabe de arce. También puedes añadir un par de cucharadas de chips de chocolate para llevarlo por encima.

Avena de chocolate doble: Revuelva en 2 cucharadas de cacao en polvo al añadir la leche. Después de retirar del fuego, revuelva de 1 a 2 cucharadas de chips de chocolate. Cubra con nueces picadas y/o puntas de cacao.

Fruta Pie Avena: Añadir 1/3 de taza de fruta picada de su elección (manzana, pera, fresas, plátanos, arándanos, moras, cerezas, melocotón, pera, caqui) a la olla al agregar la avena. Cubra con 1/4 de taza de la misma fruta y/o 1 cucharada de nueces picadas.

Tostadas Francesas de Vainilla con Salsa de

Fresa

SERVE 4

TIEMPO DE PREP: 15 minutos (sin incluir el tiempo para hacer Vanilla Whipped Cream)
TIEMPO ACTIVO: 35 minutos

tostadas francesas

1 haba de vainilla

1 taza de leche no aireada lisa o de vainilla (sin nueces y/o sin soja si es necesario)

1/2 taza de leche de coco enlatada (o crema vegana)

1/2 taza de harina de garbanzo

2 cucharadas de jarabe de arce

11.2 cucharadas de polvo de raíz de flecha

1 cucharadita de extracto de vainilla

1/2 cucharadita de sal

Espray de cocina vegano (sin soja si es necesario)

8 rebanadas de pan vegano (cuanto más gruesa sea mejor; sin gluten si es necesario)

 Crema Batida de Vainilla, opcional

Azúcar en polvo (o xilitol) para el polvo, opcional

Almendras rebanadas, opcionales

salsa de fresa

4 tazas de fresas picadas (frescas o congeladas)

1 cucharada de almidón de maíz

1 a 2 cucharadas de jarabe de agave (o jarabe de arce; dependiendo de la preferencia de dulzura)

1 cucharada de jugo de limón

1 cucharada de agua

1. Use un cuchillo de paring para hacer una hendidura a lo largo del lado del grano de vainilla. No querrás cortarlo por la mitad, solo divídalo. Usa el cuchillo para raspar las semillas diminutas. Coloque las semillas en un tazón grande y poco profundo o en un plato para hornear.

2. Agregue la leche no láctea, la leche de coco, la harina, el jarabe de arce, la raíz de flecha, el extracto de vainilla y la sal. Revuelve hasta que se combinen.

3. Precaliente el horno a su ajuste más bajo. Coloque un estante de refrigeración en una bandeja para hornear. Deja a un lado.

4. Caliente una sartén grande o una plancha a fuego medio durante un par de minutos. Rocíe la sartén generosamente con spray de cocción. Sumerja 1 o 2 rebanadas de pan (dependiendo de cuántos caben en su sartén) en la mezcla de leche y remoje durante 10 a 15 segundos en cada lado. Coloque las rodajas en la sartén y cocine hasta que estén doradas y crujientes, de 3 a 4 minutos a cada lado. Transfiera al estante de refrigeración y coloque la bandeja para hornear en el horno para mantenerla caliente hasta que esté

lista para servir. Repita con las rebanadas restantes de pan, respraying the pan each time before adding new slices.

5. Para hacer la salsa de fresa: Combine los ingredientes de la salsa en una olla pequeña y ponga a hervir. Reduzca el fuego y cocine a fuego lento, revolviendo con frecuencia, durante 3 a 5 minutos, hasta que se espese. Retirar del fuego y mantener caliente.

6. Si lo desea, corte los trozos de tostadas por la mitad en diagonal antes de servir. Para servir, coloque dos rebanadas de pan (o cuatro mitades) en un plato, cubierto con una dollop de crema batida de vainilla (si se usa), una cucharada de salsa de fresa, y si lo desea, un ligero polvo de azúcar en polvo. Espolvorea con unas almendras en rodajas y sirve.

Mushroom-Kale Skillet Hash

SERVE 4

TIEMPO DE PREP: 10 minutos TIEMPO ACTIVO: 20 minutos

2 cucharaditas de aceite de oliva

1/2 cebolla roja mediana, cortada en cubos

2 dientes de ajo picados

3 o 4 papas rojas (alrededor de 18 onzas, picadas en cubos de 1/2 pulgada

8 onzas de champiñones cremini, en rodajas

11.2 cucharaditas de Old Bay Seasoning

Caldo de verduras con bajo contenido de sodio, opcional

1 manojo (12 a 16 onzas de col rizada dino (también conocido como lacinato o col rizada negra), tallos rematados, picados

Sal y pimienta negra al gusto

1. Caliente el aceite de oliva en una sartén grande, preferiblemente de hierro fundido, a fuego medio durante un minuto. Agregue las cebollas y saltee hasta que estén translúcidas.

2. Agregue el ajo, las papas, las setas y Old Bay y cocine, revolviendo ocasionalmente, hasta que las setas y las papas estén tiernas y las papas estén doradas, de 15 a 20 minutos. Si se produce pegado, agregue un chorrito de caldo de verduras y baje el fuego.

3. Una vez que las verduras estén tiernas, agregue la col rizada y cocine hasta que se marchite. Agregue la sal y la pimienta y retírelas del fuego. Servir inmediatamente. Las sobras se mantendrán en un recipiente hermético en la nevera durante 2 a 3 días.

Tostadas de aguacate rápidas y fáciles

SERVE 1

TIEMPO DE PREP: 3 minutos TIEMPO ACTIVO: 5 minutos

2 rebanadas de pan vegano (sin gluten si es necesario)

1/2 aguacate deshuesado

3/4 de cucharadita de levadura nutricional, opcional

1 cucharadita de semillas de cáñamo (o semillas de girasol, o pepitas tostadas/semillas de calabaza)

Tosta el pan. Vierta la mitad del aguacate en cada rodaja y use un tenedor para triturar y esparcirlo en la tostada. Espolvorea con levadura nutritivo (si estás usando) y cubra con semillas. Servir inmediatamente.

Propina

▷ Los aguacates maduros funcionan mejor aquí. El aguacate debe ser ligeramente suave pero no suave. Si quita el tallo en la parte superior del aguacate, la carne debajo debe ser amarilla. El verde significará que no está lo suficientemente maduro y marrón significa que está demasiado maduro (aunque probablemente todavía podría salirse con la suya con un aguacate maduro aquí).

▷ Si tienes algo de salsa Tahini de limón, es mágico rociado en este brindis.

FÁCIL VEGANONIGHTS

SOLUCIONES DE COMIDAS DE SEMANA VEGANA FÁCIL

EN ESTE CAPÍTULO

Pizza Mexicana con Frijoles Refritos de 15 Minutos

HACE 4 PIZZAS, CON FRIJOLES EXTRA

TIEMPO DE PREP: 15 (sin incluir el tiempo para hacer salsa de queso Pepperjack)
TIEMPO ACTIVO: 25

Frijoles refritos de 15 minutos

1 cucharadita de aceite de oliva

1 cebolla amarilla mediana, picada

3 latas de 15 onzas de frijoles pintos, enjuagadas y escurridas

2 cucharadas de aminoácidos líquidos (o tamari sin gluten; utilizar aminoácidos de coco para estar libre de soja)

2 cucharaditas de comino molido

2 cucharaditas de chile en polvo

11.2 cucharaditas de cilantro molido

3/4 de cucharadita de pimentón ahumado

1/2 taza de caldo de verduras con bajo contenido de sodio

3 cucharadas de chiles verdes en cubos enlatados

2 cucharadas de jugo de lima

Sal y pimienta negra al gusto

Pizzas

4 tortillas de harina (harina de arroz o tortillas de maíz para hacerlas sin gluten; si se utilizan tortillas de maíz, utilice 2 por persona)

<u>Salsa de Queso Pepperjack</u>

1 taza de tomates frescos picados

1/2 taza de aceitunas negras deshuesadas en rodajas, opcionales

Coberturas opcionales: aguacate en rodajas, verduras picadas o ralladas de su elección, cebollas verdes picadas, <u>repollo rojo encurtido y cebolla</u> <u>Saborizada</u>

1. Precalentar el horno a 400 oF. Forte una o dos bandejas para hornear con papel de aluminio o esteras de silicona. Deja a un lado.

2. **Para hacer los frijoles refritos:** Calienta el aceite de oliva en una cacerola grande poco profunda a fuego medio. Agregue la cebolla y saltee hasta que quede translúcida, de 3 a 4 minutos. Agregue los frijoles, los aminoácidos líquidos, el comino, el chile en polvo, el cilantro, el pimentón y el caldo. Cocine durante unos 5 minutos, hasta que se caliente y aproximadamente la mitad del líquido haya sido absorbido.

3. Agregue los chiles verdes y el jugo de lima y retírelos del fuego. Transfiera a un procesador de alimentos y pulse hasta que los frijoles sean en su mayoría suaves con algunos trozos. Agregue la sal y la pimienta.

4. **Para hacer las pizzas:** Extienda las tortillas en las bandejas para hornear. Esparce los frijoles refritos generosamente sobre cada uno. Rocía la salsa de queso sobre los frijoles y espolvorea los tomates picados y las aceitunas (si se usa) sobre cada pizza. Hornee durante 10 minutos, o hasta que las tortillas estén crujientes.

5. Cubra las pizzas con sus ingredientes adicionales y sirva inmediatamente. Los frijoles sobrantes se pueden guardar en un recipiente hermético en la nevera durante 5 a 6 días o congelados durante un máximo de 2 meses. Al recalentar, es posible que deba agregar unas cucharadas de caldo o agua para adelgazarlas de nuevo.

Sopa de puerro de patata

SIRVE DE 4 A 6

TIEMPO DE PREP: 15 minutos (sin incluir el tiempo para hacer Quick Bacon Crumbles)
TIEMPO ACTIVO: 25 minutos TIEMPO DE INJEG.

1 cucharadita de aceite de oliva

2 puerros cortados en rodajas finas (partes blancas y verdes claras)

1 diente de ajo picado

2 libras de papas de oro Yukon, picadas

2 cucharaditas de romero seco

2 cucharaditas de tomillo seco

1 cucharadita de salvia molida

3 tazas de caldo de verduras con bajo contenido de sodio

2 tazas de agua

1 cucharada de levadura nutricional, opcional

1 cucharada de jugo de limón

1 cucharadita de humo líquido

Sal y pimienta negra al gusto

 Quick Bacon Crumbles, opcional

Cebollas verdes picadas, opcionales

1. En una olla grande, caliente el aceite de oliva a fuego medio. Agregue los puerros y saltee hasta que estén suaves, por unos 4 minutos. Agregue el ajo y saltee por un minuto más. Agregue las papas, el romero, el tomillo, la salvia, el caldo y el agua. Poner a hervir, luego reducir el fuego y hervir a fuego lento hasta que las patatas estén tiernas, unos 15 minutos. Apaga la calefacción.

2. Agregue la levadura nutricional, el jugo de limón y el humo líquido. Usa una licuadora de inmersión para mezclar la sopa hasta que quede suave (o en su mayoría suave con unos trozos de papa, tu llamada). Alternativamente, puede transferir la sopa en lotes a una licuadora y mezclar cuidadosamente hasta que quede suave.

3. Agregue la sal y la pimienta. Sirva cubierto con crumbles de tocino y cebollas verdes, si lo desea. Las sobras se mantendrán en un recipiente hermético en la nevera durante 5 a 6 días.

Curry de coliflor rápida

TIEMPO DE PREP: 20 minutos TIEMPO ACTIVO: 15 minutos TIEMPO DE INTE INACTIVO: 10 minutos

1 cucharada de aceite de coco

1 cebolla amarilla mediana, cortada en cubos

2 dientes de ajo picados

1 cucharada de jengibre fresco rallado

1 cucharada de curry en polvo

2 cucharaditas de garam masala

1 cucharadita de cilantro molido

1 cucharadita de comino molido

1/2 cucharadita de cúrcuma molida

1 perflora de cabeza mediana (1 libra, dividida en floretes

8 onzas de champiñones cremini (o champiñones abotonados), en rodajas

Una lata de 15 onzas, enjuagado y escurrido

Un tomate cortado en cubos sin sal sin sal

3 tazas de caldo de verduras con bajo contenido de sodio

1 taza de yogur de coco simple (preferiblemente sin endulzar)

Sal y pimienta negra al gusto
Cilantro fresco picado, opcional

Anacardos picados, opcionales (ver Variación)

Arroz cocido (o pan vegano)

1. Caliente el aceite de coco en una olla grande o en un horno holandés a fuego medio. Agregue la cebolla, el ajo y el jengibre y saltee hasta que la cebolla se esté volviendo translúcida. Agregue el curry en polvo, garam masala, cilantro, comino y cúrcuma y cocine hasta que quede fragante, aproximadamente 1 minuto.

2. Agregue la coliflor, los champiñones, los garbanzos, los tomates y su líquido, y el caldo y ponga a hervir. Reduzca el fuego a fuego lento y cubra. Cocine durante unos 10 minutos, retire la tapa y cocine durante unos 5 minutos más. Agregue el yogur y cocine durante unos minutos, hasta que se caliente. Agregue la sal y la pimienta y retírelas del fuego.

3. Cubra con cilantro picado y/o anacardos, si lo desea, y sirva con arroz o pan. Almacene las sobras en un recipiente hermético en la nevera durante 4 a 5 días.

Variación

▶ Para hacer esto libre de nueces, cambiar los anacardos con pepitas (semillas de calabaza) o semillas de sésamo.

Ensalada de garbanzos BBQ

SIRVE DE 2 A 4

TIEMPO DE PREP: 20 minutos (sin incluir el tiempo para hacer avocado Ranch Dressing y Pickled Red Cabbage & Onion Relish)
TIEMPO ACTIVO: 15 minutos

3 tazas de garbanzos cocidos (o dos de 15 onzas, enjuagados y escurridos)

2 cucharadas de aminoácidos líquidos (utilizar aminoácidos de coco para estar libre de soja)

2/3 taza de salsa barbacoa vegana (casera o comprada en la tienda)

1 lechuga romana de cabeza grande, picada

1 taza de repollo rojo rallado

1 taza de tomates cherry cortados a la mitad

1 taza de nectarinas en rodajas (o duraznos en rodajas o mango picado)

1/2 taza de zanahoria rallada

Aderezo de rancho de aguacate

Pepitas tostadas (semillas de calabaza)

Repollo rojo en escacurrido y cebolla Sabor

1. Calienta una cacerola poco profunda a fuego medio. Añadir los polluelos y aminoácidos líquidos y cocinar, revolviendo un par de veces, hasta que el líquido haya sido absorbido, de 2 a 3 minutos.

2. Agregue 1/3 taza de la salsa de barbacoa y reveste para cubrir. Cocine hasta que la salsa se haya espesado y caramelizado, y todo el líquido haya sido

absorbido. Agregue la salsa de barbacoa restante y cocine hasta que la salsa se haya espesado y caramelizado de nuevo. Retirar del fuego.

3. En un tazón grande, mezcle la lechuga, el repollo rojo, los tomates cherry, las rodajas de nectarina y las zanahorias. Divide la ensalada entre cuatro cuencos y cubra con los garbanzos. Cubra con el aderezo, un rociado de las pepitas, y una cucharada del sabor. Servir inmediatamente. Los frijoles sobrantes se mantendrán en un recipiente hermético en la nevera durante 3 a 4 días.

Cuenco de fideos Soba de sésamo picante

SIRVE DE 4 A 6

TIEMPO DE PREP: 15 minutos TIEMPO ACTIVO: 30 minutos

1 manojo de brócoli, picado en floretes

2 cucharadas de aceite de sésamo

Sal y pimienta al gusto

3/4 de taza de tahini (sin gluten si es necesario)

3 cucharadas de tamari (sin gluten si es necesario)

2 cucharadas de vinagre de arroz integral

1 a 2 cucharadas de sriracha (u otra salsa picante)

1 cucharada de jarabe de arce

1 cucharadita de jengibre molido

1/2 cucharadita de ajo en polvo

Un paquete de 12 onzas de fideos de soba de trigo sarraceno (o pasta de pelo de ángel vegano o espaguetis; sin gluten si es necesario)

11.2 tazas de edamame congelado

2 zanahorias grandes, peladas y julianas

Semillas de sésamo

Cebollas verdes picadas (partes verdes y blancas)

1. Precalentar el horno a 425 oF. Forrar una bandeja para hornear con papel pergamino o una me mate de silicona. Esparce el brócoli en la sábana y rocía con el aceite de sésamo, luego agrega sal y pimienta. Reveste para cubrir completamente. Hornee durante 15 a 20 minutos, hasta que esté tierno con

bordes ligeramente crujientes, torándolo una vez a mitad de camino. Retirar del horno y reservar.

2. Mientras el brócoli está asando, llene una olla grande con agua y lleve a ebullición.

3. Mientras esperas a que hierva el agua, puedes hacer la salsa: Combina el tahini, el tamari, el vinagre, la sriracha, el jarabe de arce, el jengibre y el ajo en polvo en un tazón mediano y remueve hasta que se combinen y se alisen. Deja a un lado.

4. Una vez que el agua esté hirviendo, agregue los fideos y cocine de acuerdo con las instrucciones del paquete hasta que esté al dente. Aproximadamente 1 minuto después de añadir los fideos al agua, agregue el edamame. Una vez que los fideos estén hechos, escurra y enjuague los fideos y edamame con agua fría, luego escurra de nuevo. Transfiera a un tazón grande para servir. Agregue la salsa. Agregue las zanahorias y el brócoli asado y revuelva para combinar. Sirva cubierto con semillas de sésamo y cebollas verdes. Las sobras se mantendrán en un recipiente hermético en la nevera durante 1 a 2 días.

Cursi Quinoa & Vegetales

SIRVE DE 4 A 6

TIEMPO DE PREP: 20 minutos (sin incluir el tiempo para hacer Pepita Parmesano)
TIEMPO ACTIVO: 30 minutos

1 taza de quinua, completamente enjuagado

2 tazas de agua

1 cucharadita de aceite de oliva

1/2 cebolla amarilla mediana, cortada en cubos

1/2 medio (1 libra de coliflor de cabeza, roto en floretes pequeños

8 onzas de judías verdes frescas, recortadas

2 cucharadas de caldo de verduras con bajo contenido de sodio (o agua)

8 onzas de champiñones cremini (o champiñones abotonados), en rodajas

2 calabacín mediano, cortado a la mitad a lo largo y cortado en rodajas

3 cucharadas de aminoácidos líquidos (o tamari sin gluten; utilizar aminoácidos de coco para estar libre de soja)

1 cucharadita de tomillo seco

1 cucharadita de perejil seco

1 cucharadita de ajo en polvo

11.2 tazas de frijoles del norte cocidos (o una lata de 15 onzas, enjuagada y escurrida)

1/3 taza de levadura nutricional

3 tazas de verduras picadas empacadas (espinacas, acelga, col rizada o collares)

1/4 de taza de jugo de limón

Sal y pimienta negra al gusto

Pepita Parmesano, opcional

1. Combine la quinua con el agua en una olla mediana. Cubrir y llevar a ebullición, luego reducir el fuego y hervir a fuego lento durante unos 15 minutos, hasta que toda el agua haya sido absorbida. Retirar del fuego, mantenerlo cubierto, y dejar reposar durante unos 10 minutos antes de esponjar con un tenedor.

2. Mientras se cocina la quinua, calienta el aceite de oliva en una cacerola grande y poco profunda a fuego medio. Agregue la cebolla y saltee durante 2 a 3 minutos. Agregue la coliflor, los frijoles verdes y el caldo, cubra la sartén y cocine durante 3 a 4 minutos. Agregue los champiñones, el calabacín, los aminoácidos líquidos, el tomillo, el perejil y el ajo en polvo. Cubra y cocine, revolviendo ocasionalmente, hasta que todas las verduras estén tiernas pero no demasiado blandas (todavía deben tener un "mordisco" para ellos), de 6 a 7 minutos. Agregue la quinua cocida y los frijoles, revuelva y cocine hasta que se calienten, por unos 2 minutos. Agregue la levadura nutricional. Agregue los greens y cocine hasta que empiece a marchitarse. Agregue el jugo de limón, la sal y la pimienta y retírelo del fuego.

3. Servir inmediatamente, cubierto con Pepita Parmesan (si se utiliza). Guarde las sobras en un recipiente hermético en la nevera durante 3 a 4 días.

Pasteles sin cangrejo Jackfruit con eneldo de limón A'oli

SERVE 3 O 4

TIEMPO DE PREP: 15 minutos (sin incluir el tiempo para cocinar arroz integral)
TIEMPO ACTIVO: 20 minutos

Una lata de 20 onzas, completamente enjuagado y escurrido

11.2 tazas de frijoles cannellini cocidos/15 oz, enjuagados y escurridos

4 cebollas verdes, finamente picadas, más para decorar

1 taza de arroz integral cocido

2 cucharadas de harina de garbanzo, más si es necesario

1 cucharada de mayonesa vegana (sin soja si es necesario)

1 cucharada de Old Bay Seasoning

2 cucharaditas de aminoácidos líquidos (o tamari sin gluten; utilizar aminoácidos de coco para ser libre de soja)

1 cucharadita de perejil seco

1/2 cucharadita de gránulos de algas

1/2 cucharadita de ajo en polvo

Sal y pimienta negra al gusto

Aceite de girasol (o aceite de canola) para freír

limón eneldo aoli

3/4 de taza de mayonesa vegana (sin soja si es necesario)

3 cucharadas de jugo de limón

11.2 cucharaditas de eneldo seco

1/2 cucharadita de ajo en polvo

Sal al gusto

1. Forme una bandeja para hornear con papel de pergamino o una meraca de silicona.

2. Coloque la fruta en un procesador de alimentos y pulse unas cinco veces, hasta que se divida en trozos más pequeños.

3. Vierta los frijoles en un tazón y use un machacador de papas para triturarlos hasta que estén cremosos, pero aún gruesos. Agregue la fruta de gato, las cebollas verdes, el arroz integral, la harina de garbanzo, la mayonesa, Old Bay, los aminoácidos líquidos, el perejil, los gránulos de algas, el ajo en polvo, la sal y la pimienta y revuelva hasta que se combinen. La mezcla debe mantenerse unida cuando la apriete. Si no lo hace, agregue la harina de garbanzo por la cucharada hasta que lo haga.

4. Recoge 1/3 de taza de la mezcla y usa tus manos para darle forma a una empanada. Coloque la empanada en la bandeja para hornear. Repita con el resto de la mezcla. Deberías tener unas 12 empanadas.

5. Caliente una sartén grande, preferiblemente de hierro fundido, a fuego medio. Vierta suficiente aceite para recubrir la parte inferior y caliente durante 2 a 3 minutos. Forrar un plato con toallas de papel. Coloque tres o cuatro empanadas en la sartén y cocine durante 3 a 4 minutos a cada lado, hasta que estén crujientes y doradas por todas partes. Coloque las empanadas cocidas en el plato y cubra con más toallas de papel para absorber el exceso de aceite. Repita con las empanadas restantes, añadiendo más aceite según sea necesario, hasta que todo esté cocido.

6. Mientras se cocinan las tortas, haz **el aoli:** Combina todos los ingredientes en una taza y revuelve. Enfríe hasta que esté listo para usar.

7. Decore las tortas con cebollas verdes picadas y sirva con los aoli en el costado. Las sobras se mantendrán en un recipiente hermético en la nevera durante 3 a 4 días.

VEGANO AMIGABLE PARA NIÑOS

COMIDAS VEGANAS QUE A LOS NIÑOS LES ENCANTARÁ.

EN ESTE CAPÍTULO

Hidden Veggie Mac 'n' Cheese

SERVE 8

TIEMPO DE PREP: 15 minutos (sin incluir el tiempo de Pepita Parmesan)
TIEMPO ACTIVO: 30 minutos

1/2 cabeza mediana (1 libra) de coliflor, rota en floretes

2 zanahorias grandes, peladas y picadas

1/2 taza de rábanos cortados en cubos

1 libra de macarrones con codo (sin gluten si es necesario)

1 taza de frijoles del norte cocidos

1 taza de leche no aireada sin endulzar (sin nueces y/o sin soja si es necesario)

3/4 de taza de levadura nutricional

1/4 de taza de jugo de limón

2 cucharadas de pasta de tomate sin sal

2 cucharadas de mantequilla vegana (sin soja si es necesario), derretida

2 cucharaditas de miso de soja blanco (o miso de garbanzo)

1 cucharadita de cebolla en polvo

1 cucharadita de ajo en polvo

1/2 cucharadita de pimentón

1/2 cucharadita de mostaza en polvo

Sal y pimienta negra al gusto

Pepita Parmesano, opcional

1. Coloque la coliflor, las zanahorias y los rábanos en una olla mediana y cúbralo con agua. Lleve a ebullición y cocine las verduras hasta que se perforen fácilmente con un tenedor, de 8 a 10 minutos. Retirar del fuego y drenar. Deja a un lado.

2. Llene una olla grande con agua y ponga a hervir. Una vez hirviendo, añadir la pasta y cocinar de acuerdo con las instrucciones del paquete hasta que esté al dente. Retirar del fuego, drenar bien y devolver la pasta a la olla.

3. Transfiera las verduras a un procesador de alimentos o licuadora. Agregue los frijoles, la leche, la levadura nutricional, el jugo de limón, la pasta de tomate, la mantequilla, el miso, la cebolla en polvo, el ajo en polvo, el pimentón y la mostaza en polvo. Procesar hasta que quede suave. Agregue la salsa a la pasta cocida y revuelva para combinar. Vuelva a la estufa y caliente a fuego medio, revolviendo ocasionalmente, durante 3 a 4 minutos, hasta que se caliente y la salsa se haya espesado. Servir inmediatamente cubierto con Pepita Parmesano (si se utiliza). Refrigere las sobras en un recipiente hermético durante 4 a 5 días.

Tempeh Nuggets

TIEMPO DE PREP: 10 minutos **TIEMPO ACTIVO:** 30 minutos **TIEMPO DE INTE INACTIVO:** 30 minutos

Dos paquetes de 8 onzas tempeh

3 tazas de caldo de verduras con sabor "sin pollo" bajo en sodio (o caldo de verduras regular)

2 cucharadas de aminoácidos líquidos

1 cucharadita de tomillo seco

1 cucharadita de marjoram seco

3/4 de taza de yogur vegano natural (preferiblemente sin endulzar, sin nueces si es necesario)

1/4 de taza de leche no aireada sin endulzar (sin nueces si es necesario)

3 cucharadas de tahini (sin gluten si es necesario)

1/2 cucharadita de sal

1/2 cucharadita de cebolla en polvo

1/2 cucharadita de ajo en polvo

1/2 cucharadita de pimentón ahumado

11.2 tazas de migas de panko veganas (sin gluten si es necesario)

3 cucharadas de levadura nutricional

Espray de aceite de oliva

Ketchup (o salsa de barbacoa vegana; casera o comprada en la tienda), para mojar

1. Corta cada bloque de tempeh en unos 20 trozos, haciendo 40 pepitas totales.

2. Combine el caldo, los aminoácidos líquidos, el tomillo y el marjoram en una olla grande. Coloque el tempeh en la olla y ponga a hervir. Una vez hirviendo, reduzca a fuego lento y deje que el tempeh cocine a fuego lento durante unos 20 minutos. Retirar del fuego y drenar (puede guardar el líquido para otro momento que necesita para cocinar con caldo o añadir un poco de líquido a su sartén; debe mantenerse en la nevera durante un par de semanas). Deje el tempeh a un lado para enfriar hasta que pueda manejarlo.

3. Mientras el tempeh se está enfriando, combine el yogur, la leche, el tahini, la sal, la cebolla en polvo, el ajo en polvo y el pimentón en un tazón poco profundo. En otro tazón poco profundo, mezcla las migas de pan y la levadura nutricional.

4. Precalentar el horno a 375 oF. Forrar una bandeja para hornear con papel pergamino o una me mate de silicona.

5. Use una mano para dragar un trozo de tempeh en la mezcla de yogur y la otra mano para la que se late en las migas de pan hasta que esté completamente recubierto. Coloque la pepita en la bandeja para hornear preparada. Repita con las pepitas restantes.

6. Rocíe ligeramente la parte superior de las pepitas con aceite de oliva. Hornea durante 12 minutos, voltéalos y rocía las tapas con aceite de oliva de nuevo, y vuelve al horno durante 12 minutos más, o hasta que estén crujientes y doradas. Sirva inmediatamente con su elección de salsas de inmersión. Las sobras se mantendrán en un recipiente hermético en la nevera durante 3 a 4 días.

Árboles Cheesy

TIEMPO DE PREP: 10 minutos **TIEMPO ACTIVO:** 15 minutos **TIEMPO DE INTE INACTIVO:** 60 minutos

1 taza de papas de oro Yukón picadas

1/2 taza de zanahoria pelada y picada

1 manojo (1 libra) de brócoli picado en floretes

1/4 de taza de anacardos crudos, empapados en agua tibia durante 1 hora y drenados, con agua reservada

3/4 de taza de agua de remojo reservada

1/4 de taza de levadura nutricional

2 cucharadas de jugo de limón

1 cucharada de aceite de oliva

1/2 cucharadita de cebolla en polvo

1/2 cucharadita de ajo en polvo

1/2 cucharadita de sal

Sal y pimienta negra al gusto

1. Coloque las papas y zanahorias en una olla mediana y cúbrase con agua. Llevar a ebullición y cocinar durante 8 a 10 minutos, hasta que las verduras se perforen fácilmente con un tenedor.

2. Mientras hierve las papas y las zanahorias, coloque el brócoli en una cesta de vapor sobre una olla de agua hirviendo y cúbralo. Cocine al vapor el brócoli hasta que esté tierno, de 8 a 10 minutos. Una vez tierno, retírelo del fuego, pero manténgalo caliente hasta que esté listo para servir.

3. Escurra las papas y las zanahorias y transfiéralas a la licuadora. Agregue los anacardos, el agua de remojo reservada, la levadura nutricional, el jugo de limón, el aceite de oliva, la cebolla en polvo, el ajo en polvo y la sal. Licúe hasta que quede completamente suave.

4. Sirva el brócoli con una pizca de sal y pimienta y unos muñecos de salsa de queso. Guarde cualquier salsa de queso sobrante en un recipiente hermético en la nevera durante 3 a 4 días.

Variación

Si a tus hijos no les gusta el brócoli, prueba a usar coliflor u otro vegetal que les guste en su lugar.

PB&J Roll-Ups

HACE 4 ROLL-UPS, CON SPREAD EXTRA

TIEMPO DE PREP: 5 minutos TIEMPO ACTIVO: 5 minutos

1 taza de mantequilla de maní (o nuez o mantequilla de semillas de su elección)

La mitad de un bloque de 12 onzas envasado al vacío de tofu de seda extra firme

1 cucharada de jarabe de arce, opcional

Sal al gusto, opcional

4 tortillas de harina grandes (o tortillas de arroz integrales o envolturas de lava)

1 libra de fresas, encasilladas y cortadas en rodajas

1. Combine la mantequilla de maní, el tofu, el jarabe de arce (si se usa) y la sal (si se usa) en un procesador de alimentos y procese hasta que quede suave.

2. Esparza de 2 a 3 cucharadas de mantequilla de maní esparcidas en una tortilla. Haz una capa de rodajas de fresa encima de la mantequilla de maní. Enrolla la tortilla en un tronco. Pica en tres o cuatro secciones. Repita con las tortillas restantes.

3. Servir inmediatamente. Para servir más tarde, envuelva cada rollo (todas las secciones) en plástico y refrigere, si es posible (si está en una lonchera durante unas horas, estará bien). Cualquier resto de mantequilla de maní esparcida se mantendrá en un recipiente hermético en la nevera durante unos 7 días.

Variación

▶ Sustituya las fresas por manzanas cortadas en rodajas finas, plátanos u otras frutas.

Barras de granola afrute

HACE 12 BARRAS

TIEMPO DE PREP: 5 minutos TIEMPO ACTIVO: 10 minutos TIEMPO DE INTE INACTIVO: 80 minutos

1 taza de dátiles Medjool deshuesados

1/2 taza de mantequilla de maní (o mantequilla de almendras o mantequilla de nueces o semillas de su elección)

1/2 taza + 2 cucharadas de jugo de manzana

1/4 de taza de aceite de coco, derretido

1 cucharadita de extracto de vainilla

1/2 cucharadita de sal

21.2 tazas de avena laminada (certificado sin gluten si es necesario)

3/4 de taza de fruta seca picada (cerezas, albaricoques, pasas, arándanos, manzanas, melocotón y/o mango)

1/2 taza de nueces picadas (almendras, nueces, nueces, anacardos, pistachos y/o cacahuetes; véase Variación)

1/2 taza de girasol (o pepitas/semillas de calabaza, o mezcla de ambas)

1. Precalentar el horno a 300 oF. Forra un plato para hornear de 9 × 13 pulgadas con papel pergamino.

2. Combine las fechas, la mantequilla de nuez, el jugo de manzana, el aceite de coco, la vainilla y la sal en un procesador de alimentos y procese hasta que quede suave. Deja a un lado.

3. En un tazón grande, revuelva la avena, la fruta seca, las nueces y las semillas. Agregue la mezcla de fecha y revuelva hasta que se mezcle. Vierta en el plato de hornear preparado y use una espátula de silicona para aplanar y suavizar.

4. Hornee durante 20 minutos, o hasta que esté ligeramente dorado, luego retírelo del horno y deje enfriar completamente antes de transferirlo al refrigerador para enfriar durante al menos 1 hora.

5. Retire del refrigerador y utilice el papel de pergamino para levantar la granola de la bandeja para hornear. Cortar en 12 barras. Conservar en un recipiente hermético en la nevera. Los bares se mantendrán de 7 a 10 días.

Variación

▶ Para hacer estas barras sin nueces, usa una mantequilla de semillas y reemplaza las nueces con más girasol y/o pepitas.

Quesadillas de Frijol y Queso

HACE 4 QUESADILLAS

TIEMPO DE PREP: 15 minutos (sin incluir el tiempo para hacer Frijoles Refritos de 15 Minutos y Salsa Básica de Queso de Anacardo)
TIEMPO ACTIVO: 10 minutos

2 tazas de <u>Frijoles Refritos</u> de 15 Minutos

4 tortillas de harina (sin gluten si es necesario)

<u>Salsa básica de queso de anacardo</u>
Salsa y/o guacamole

1. Esparza 1/2 taza de los frijoles en la mitad de una tortilla. Rocía la salsa de queso sobre los frijoles. Dobla suavemente el otro lado de la tortilla sobre los frijoles y el queso. Repita con las tortillas restantes.

2. Caliente una sartén grande, preferiblemente de hierro fundido, a fuego medio. Coloca de una a dos quesadillas (si las dejan en forma) en la sartén y cocina durante 3 a 4 minutos a cada lado, hasta que estén doradas y crujientes. Transfiera a un plato y cúbralos con papel de aluminio para mantener el calor. Repita con las quesadillas restantes. Sirva inmediatamente con salsa y/o guacamole.

Propina

Para hacer que estas quesadillas se unen en un instante, se pueden preparar los frijoles refritos y / o la salsa de queso con antelación. También es una gran manera de usar cualquier resto de frijoles refritos que puedas tener al hacer pizza mexicana con <u>frijoles refritos de 15 minutos</u>.

Para asegurarte de que este plato es libre de soja, recuerda usar aminoácidos de coco en los frijoles refritos y el miso de garbanzos en la salsa de queso de anacardo.

VEGAN SNACKS & FINGER FOODS

COMIDA VEGANA LO SUFICIENTEMENTE FRESCA COMO PARA JUEGOS DEPORTIVOS, PIJAMAS, Y SIMPLEMENTE PASAR EL RATO

EN ESTE CAPÍTULO

Make-Your-Own Cheese Pizza

HACE 1 PIZZA GRANDE, CON SALSA EXTRA

TIEMPO DE PREP: 20 minutos (sin incluir el tiempo para hacer Salsa Básica de Queso de Anacardo o tu propia masa de pizza)
TIEMPO ACTIVO: 25 minutos

salsa de pizza

Una salsa de tomate sin sal de 15 onzas

Una pasta de tomate sin sal de 6 onzas

1 cucharada de aceite de oliva virgen extra

1 cucharadita de albahaca seca

1 cucharadita de orégano seco

2 pizcas de ajo en polvo

1/2 taza de agua

Sal y pimienta negra al gusto

Pizzas

1 o más costras de pizza compradas en la tienda individual (o puedes usar tu receta favorita de masa de pizza, la mayoría son veganas; usan sin gluten si es necesario)

Salsa básica de queso de anacardo

Una variedad de ingredientes de pizza, como setas en rodajas, pimientos, cebolla roja, corazones de alcachofa, tomates frescos picados, tomates secos, aceitunas, piña, albahaca fresca picada

Salchicha vegana rebanada, tiras de pollo picadas o desmoronamientos sin carne, opcionales

1. Para hacer la salsa de pizza: Combine la salsa de tomate, la pasta de tomate, el aceite de oliva, la albahaca, el orégano, el ajo en polvo y el agua en una olla mediana y ponga a hervir. Reducir a fuego lento y cocinar, revolviendo ocasionalmente, durante 15 a 20 minutos, hasta que se espese.

2. Mientras la salsa se cocina a fuego lento, siga las instrucciones para su(s) corteza(s) de pizza o receta de masa de pizza para precalentar el horno y la preparación. Prepare sus ingredientes y colóquelos en una bandeja o póngalos en el mostrador, preparándolos para que los adolescentes invadan.

3. Una vez que el horno esté caliente, extienda la salsa encima de la(s) corteza(s), dejando 1 pulgada alrededor del perímetro. Rocía o córtela la salsa de queso por encima, usando tanto o tan poco como quieras. Si las costras son lo suficientemente pequeñas, cada uno puede agregar hacer su propia pizza individual. Si las costras son grandes, puede dejar que cada persona agregue ingredientes de su elección a la mitad de una pizza.

4. Hornee la(s) pizza(s) de acuerdo con las instrucciones de la receta. Una vez hecho esto, retire la(s) pizza(s) del horno, rebane y sirva.

Tacos de lentejas aplastados

HACE 12 TACOS

TIEMPO DE PREP: 15 minutos (sin incluir el tiempo para hacer salsa de queso Pepperjack)
TIEMPO ACTIVO: 35 minutos

1 cuarto de caldo de verduras con bajo contenido de sodio

2 tazas de lentejas marrones, enjuagadas y recogidas

2 cucharaditas de chile en polvo

2 cucharaditas de comino molido

11.2 cucharaditas de cilantro molido

1 cucharadita de ajo en polvo

1 cucharadita de cebolla en polvo

1/2 cucharadita de pimentón ahumado

3 cucharadas de aminoácidos líquidos (o tamari sin gluten; utilizar aminoácidos de coco para estar libre de soja)

2 cucharadas de jugo de lima

Sal y pimienta negra al gusto

12 tortillas de maíz

Repollo triturado

Guacamole o aguacate en rodajas, opcional

Salsa, opcional

Salsa de Queso Pepperjack, opcional

1. En una olla mediana, combine el caldo, las lentejas, el chile ancho en polvo, el comino, el cilantro, el ajo en polvo, la cebolla en polvo y el pimentón.

Cubra la olla y ponga a hervir. Una vez hirviendo, rompe la tapa y reduce el fuego a fuego lento. Dejar cocer a fuego lento hasta que el líquido se haya cocinado, de 15 a 20 minutos. Retirar del fuego.

2. Agregue los aminoácidos líquidos, el jugo de lima, la sal y la pimienta. Usa un machacador de papas para romper las lentejas hasta que se parezcan ligeramente a la carne de taco.

3. Mientras las lentejas están cocinando, puede preparar las tortillas. Calienta una sartén grande, preferiblemente de hierro fundido, a fuego medio. Coloque una tortilla en la sartén y una vez que los bordes comiencen a acurrucarse (después de unos 30 segundos), voltee y cocine durante otros 30 segundos. Coloque la tortilla calentada en un plato y cúbrala con papel de aluminio. Repita con las tortillas restantes.

4. Para servir, coloque un poco de las lentejas destrozadas en una tortilla. Cubra con repollo y agregue guacamole, salsa y/o salsa de queso (si lo usa).

Tempeh Sloppy Joe Sliders

SERVE 8

TIEMPO DE PREP: 5 minutos TIEMPO ACTIVO: 20 minutos

1 cucharadita de aceite de oliva

1 cebolla roja mediana, cortada en cubos

1 pimiento rojo cortado en cubos

2 dientes de ajo picados

Dos paquetes de 8 onzas tempeh (sin soja si es necesario), desmenuzados

1/2 taza de caldo de verduras con bajo contenido de sodio (o agua)

Un tomate triturado sin sal de 15 onzas

Una pasta de tomate sin sal de 6 onzas

1/4 de taza de aminoácidos líquidos (o tamari sin gluten; use aminoácidos de coco para estar libre de soja)

2 cucharadas de jarabe de arce

11.2 cucharaditas de comino molido

1 cucharadita de perejil seco

1 cucharadita de tomillo seco

1 cucharadita de pimentón ahumado

Sal y pimienta negra al gusto

16 deslizadores u 8 bollos veganos de hamburguesa de tamaño completo (sin gluten si es necesario)

Mayonesa vegana (sin soja si es necesario), opcional

Aguacate rebanado, opcional

1. Caliente el aceite de oliva en una cacerola grande y poco profunda a fuego medio. Agregue la cebolla y cocine hasta que quede ligeramente translúcida. Agregue el pimiento y el ajo y cocine un par de minutos más, hasta que el ajo esté fragante. Agregue el tempeh, el caldo, los tomates triturados, la pasta de tomate, los aminoácidos líquidos, el jarabe de arce, el comino, el perejil, el tomillo y el pimentón. Cocine, revolviendo ocasionalmente, hasta que el tempeh esté tierno y la salsa esté espesa, de 10 a 12 minutos. Agregue la sal y la pimienta, luego retírela del fuego.

2. Sirva en los bollos de hamburguesa, slathered con mayonesa y cubierto con aguacate (si se usa).

Tater Totchos

SIRVE DE 6 A 8

TIEMPO DE PREP: 10 minutos TIEMPO ACTIVO: 30 minutos

Una bolsa de 32 onzas de tots de patata congeladas (la mayoría son veganos, pero asegúrese de comprobar dos veces antes de comprar)

salsa de queso nacho

1 taza de papas de oro Yukón picadas

1/2 taza de zanahoria pelada y picada

3/4 de taza de agua

1/4 de taza de levadura nutricional

2 cucharadas de tahini (sin gluten si es necesario)

11.2 cucharadas de jugo de jalapeño encurtido

1 cucharada de chiles verdes en cubos en cubos

1 cucharada de jugo de lima

2 cucharaditas de aceite de girasol (o aceite de semilla de uva), opcional

1 cucharada de jalapeño picado picado, opcional

1 cucharadita de comino molido

1/2 cucharadita de cebolla en polvo

Frijoles

1 cucharadita de aceite de oliva

1 cebolla roja mediana, cortada en cubos

2 dientes de ajo picados

1 pimiento rojo cortado en cubos

3 tazas de frijoles negros cocidos (o dos latas de 15 onzas, enjuagadas y escurridas)

1/4 de taza de aminoácidos líquidos (o tamari sin gluten; use aminoácidos de coco para estar libre de soja)

2 cucharaditas de comino molido

2 cucharaditas de chile en polvo

1 cucharadita de cilantro molido

1/2 cucharadita de pimentón

3 cucharadas de chiles verdes en cubos enlatados

Jugo de 1 lima

Sal y pimienta negra al gusto

Coberturas opcionales: cebollas verdes picadas, tomate fresco picado, jalapeños encurtidos, guacamole o trozos de aguacate, crema agria vegana

1. Precaliente el horno y hornee los tots de acuerdo con las instrucciones del paquete.

2. Mientras los tots están horneando, haz **la salsa de queso nacho:** Coloca las papas y zanahorias en una olla mediana y cúbrela con agua. Lleve a ebullición y cocine hasta que las verduras se perforen fácilmente con un tenedor, de 8 a 10 minutos.

3. Escurra las verduras y transfiéralas a su procesador de alimentos. Agregue el agua, la levadura nutricional, el tahini, el jugo de jalapeño encurtido, los chiles verdes, el jugo de lima, el aceite de girasol (si lo usa), el jalapeño en escacurrido (si lo usa), el comino y la cebolla en polvo. Procesar hasta que quede completamente suave. Deja a un lado.

4. **Para hacer los frijoles:** Calienta el aceite de oliva en una sartén grande a fuego medio. Agregue la cebolla, el ajo y el pimiento rojo. Sofríe hasta que las cebollas estén ligeramente translúcidas. Agregue los frijoles, los aminoácidos líquidos, el comino, el chile en polvo ancho, el cilantro y el pimentón. Cocine hasta que el líquido haya sido absorbido y los frijoles se calienten a través. Agregue los chiles verdes y el jugo de lima y cocine hasta que el líquido haya

sido absorbido, aproximadamente 1 minuto. Retire del fuego y agregue la sal y la pimienta.

5. Extienda los tots en un plato grande o una pequeña bandeja para hornear. Cubra con los frijoles, luego rocíe la salsa sobre los frijoles. Si lo desea, cubra con cebollas verdes, tomate, jalapeños, guacamole y/o crema agria. Servir inmediatamente.

Just Fries

HACE TODO LO QUE QUIERAS

TIEMPO DE PREP: 10 minutos TIEMPO ACTIVO: 10 minutos TIEMPO DE INTE INACTIVO: 25 minutos

Espray de aceite de oliva

1 patata oxidada por persona (o 1/2 patata por persona si se usa como guarnición), pelada (ver Consejo)

Sal y pimienta negra al gusto

Polvo de ajo, opcional

Salsas veganas (como ketchup, salsa barbacoa, mostaza o aderezo ranchero; sin gluten, sin nueces y/o sin soja si es necesario), para mojar

1. Precalentar el horno a 450 oF. Hojas de hornear de línea con papel de aluminio: puede caber alrededor de 2 papas por bandeja para hornear, así como hacer las matemáticas. Rocíe ligeramente el papel de aluminio con aceite de oliva.

2. Cortar cada patata en tiras o cuñas de tamaño similar. Es importante que sean de igual tamaño para que cocinen uniformemente.

3. Extienda las papas fritas en las bandejas de hornear preparadas. Rocíe una capa ligera de aceite de oliva sobre las patatas fritas. Espolvoree con sal, pimienta y ajo en polvo (si lo usa). Reviembre y reorganiza las rodajas en la hoja para que no se toquen (tanto como sea posible). Esto les ayudará a obtener más crujientes.

4. Hornee durante 25 a 30 minutos, volteándolos una vez a la mitad para asegurar una cocción uniforme. Una vez que están crujientes y ligeramente doradas en el exterior, pero fácilmente perforadas con un tenedor, están listas. Retirar del horno y servir inmediatamente con la(s) salsa(s) de inmersión preferida(s).

Propina

No necesitas pelar las papas si tienes prisa, pero te lo recomiendo, realmente hace una diferencia en sabor y textura.

Helados de helado de fudge caliente

SERVE 8

TIEMPO DE PREP: 15 minutos (sin incluir el tiempo para hacer Vanilla Whipped Cream)

TIEMPO ACTIVO: 30 minutos TIEMPO DE INTEG-

helado de vainilla

11.2 tazas de anacardos crudos, empapados en agua tibia durante 1 hora y escurridos, desechados con agua

Una lata de 13.5 onzas de leche de coco

1/2 taza de jarabe de arce

1 cucharada de polvo de raíz de flecha

2 cucharadas de aceite de semilla de uva (o aceite de girasol)

11.2 cucharaditas de vainilla en polvo

1 cucharadita de extracto de vainilla

1/2 cucharadita de sal

hot fudge

1/2 taza de chips de chocolate vegano (o trozos)

1 taza de leche de coco lite

1/4 de taza de cacao en polvo

1/4 de taza de azúcar morena (o azúcar de coco)

2 cucharadas de aceite de coco, derretido

1 cucharada de polvo de raíz de flecha

1/2 cucharadita de sal

coberturas (todas opcionales)

Crema Batida de Vainilla

Nueces picadas (como almendras, cacahuetes, nueces)

Fruta picada (como fresas, plátanos, mango)

Chips y aspersiones de chocolate vegano

Malvaviscos veganos (sin soja si es necesario)

Galletas veganas desmenuzadas (sin gluten si es necesario)

 Caramel Cashew Granola (o granola vegana comprada en la tienda)

Cerezas Maraschino

1. Para hacer el helado: Combine los anacardos, la leche de coco, el jarabe de arce, la raíz de flecha, el aceite, el polvo de vainilla, el extracto de vainilla y la sal en una licuadora y mezcle hasta que quede completamente suave. Refrigere hasta que esté completamente frío, aproximadamente 2 horas.

2. Procesar en su fabricante de helados, de acuerdo con las instrucciones del fabricante. Cuando el helado alcance la consistencia de un suave servicio grueso, transfiera a un vaso o tazón de metal. Coloque un pedazo de papel de pergamino en la parte superior del helado para evitar el contacto con el aire (reduciendo así la quemadura del congelador), luego cubra el recipiente con una envoltura de plástico. Congele el helado durante al menos 3 o 4 horas antes de servir. Es posible que deba dejar que el helado se ablande durante unos 5 minutos antes de servir.

3. Para hacer el caramelo caliente: Derretir el chocolate en una caldera doble o un tazón a prueba de calor en la parte superior de una sartén de agua hirviendo, revolviendo con frecuencia, hasta que quede completamente suave. Mientras el chocolate se está derritiendo, mezcle la leche de coco, el cacao en polvo, el azúcar, el aceite de coco, la raíz de flecha y la sal en un tazón mediano.

4. Batir lentamente la mezcla de leche en el chocolate derretido y remover hasta que se caliente, de 1 a 2 minutos. Retirar del fuego. Si lo hace con antelación, una vez que se haya enfriado, puede refrigerar la salsa en un recipiente hermético. Se pondrá muy grueso, por lo que tendrá que recalentarlo antes de servir.

5. Prepare todos los ingredientes que planea servir. Para ensamblar, vierta tanto helado como desee en un tazón, rocíe el caramelo caliente por todo el mismo y cubra con todos los ingredientes preferidos.

LOS FAVORITOS - ESTILO VEGANO

COMIDA VEGANA PARA LOS MIEMBROS DE TU FAMILIA "CARNE Y PATATAS"

EN ESTE CAPÍTULO

Albóndigas rellenas de queso

SERVE 4

TIEMPO DE PREP: 15 minutos (sin incluir el tiempo para hacer Salsa de Queso Gouda Ahumado y Salsa Marinara de Tomate Secado al Sol)
TIEMPO ACTIVO: 55 minutos

1 cucharadita de aceite de oliva

1/2 taza de cebolla amarilla picada

2 dientes de ajo picados

8 onzas de champiñones cremini (o champiñones de botón), cortados en cubos

Una lata de 15 onzas de frijoles rojos, enjuagados y escurridos

1/4 de taza de perejil fresco picado

3/4 de taza de migas de panko veganas (sin gluten si es necesario), además de más si es necesario

2 cucharadas de levadura nutricional (o usar más migas de pan)

2 cucharadas de aminoácidos líquidos (utilizar aminoácidos de coco para estar libre de soja)

11.2 cucharaditas de albahaca seca

11.2 cucharaditas de orégano seco

Sal y pimienta negra al gusto

Salsa de Queso Gouda Ahumado, <u>Variación Derretida</u> (ver Consejo)

12 onzas de espaguetis u otra pasta (sin gluten si es necesario), opcional

4 tazas <u>de salsa Marinara de tomate secado al sol</u> (o salsa marinara vegana comprada en la tienda)

1. Caliente el aceite de oliva en una cacerola grande poco profunda a fuego medio. Agregue la cebolla, el ajo y los champiñones y saltee hasta que los champiñones estén dorados y tiernos y las cebollas sean translúcidas. Retirar del fuego. Transfiera a un procesador de alimentos junto con los frijoles y el perejil y el pulso hasta que se combinen y la mezcla sea en su mayoría uniforme, pero todavía un poco gruesa.

2. Transfiera a un tazón grande junto con las migas de pan, levadura nutricional, aminoácidos líquidos, albahaca, orégano, sal y pimienta. Revuelva con una cuchara o use las manos para asegurarse de que la mezcla esté completamente combinada. Debe permanecer unido cuando se aprieta. Si aún está demasiado mojado, agrega más migas de pan.

3. Precalentar el horno a 375 oF. Forrar una bandeja para hornear con papel pergamino o una me mate de silicona.

4. Recoja 1 cucharada de la mezcla y rodar en una bola. Usa tu dedo para presionar un pequeño agujero en el medio y dar forma a la mezcla en un pequeño "bowl". Vierta 1/2 a 3/4 de cucharadita de salsa de queso en el "bowl". Tome otra cucharada de la mezcla de albóndigas, déle forma en una bola, luego aplanarla ligeramente en una "cúpula". Coloque la cúpula en la parte superior del tazón de albóndigas, luego use los dedos para sellar los bordes y darle forma de nuevo en una bola. Colocar en la bandeja para hornear y repetir con el resto de la mezcla.

5. Hornee durante 30 a 35 minutos, volteando una vez a mitad de camino.

6. Mientras las albóndigas están en el horno, cocine la pasta (si la usa): Lleve una olla grande de agua a ebullición y agregue la pasta. Cocine de acuerdo con las instrucciones del paquete hasta que al dente. Escurra y reserve.

7. Calienta la salsa marinara mientras las albóndigas se hornean.

8. Sirva las albóndigas por su cuenta, cubiertas de salsa o encima de la pasta. Las albóndigas sobrantes y la salsa se mantendrán en un recipiente hermético en la nevera durante 3 a 4 días.

Propina

Lo mejor es usar el queso después de haber sido cocinado y se le permite descansar un rato (o incluso frío). Si tienes algo de queso sobrante de la sopa de cebolla francesa o de aguacate, sería perfecto para este plato ya que ya está espesado y reafirmado un poco. Si no tienes queso sobrante, hazlo mientras cocinas las verduras (paso 1) y deja que descanse o se enfríe hasta que esté listo para usar.

Variación

►También puedes intentar usar la variación derretida de cualquiera de los otros sabores <u>básicos de salsa de queso</u> de anacardo. Cada uno añadirá su propio estilo al plato.

Patatas últimas dos veces al horno

SERVE 4

TIEMPO DE PREP: 10 minutos (sin incluir el tiempo para hacer Salsa de Queso Gouda Ahumado y Crumbles Rápidos de Bacon)
TIEMPO ACTIVO: 20 minutos TIEMPO DE INJEGIóN: 70 minutos

4 papas grandes oxidadas, fregados y secos

Espray de aceite de oliva

8 onzas de champiñones cremini (o champiñones abotonados), en rodajas

2 cucharadas de mantequilla vegana (sin soja si es necesario)

1/2 taza de leche no aireada sin endulzar (sin soja si es necesario)

1 cucharadita de tomillo seco

1 cucharadita de perejil seco

1 cucharadita de cebolla en polvo

1 cucharadita de ajo en polvo

Sal y pimienta negra al gusto

3/4 de taza de cebollas verdes picadas (partes verdes y blancas)

Salsa de Queso Gouda Ahumado (ver página

Quick Bacon Crumbles

1. Precalentar el horno a 400 oF. Forrar una bandeja para hornear con papel pergamino o una me mate de silicona. Coloque las patatas en la bandeja para hornear y apuñale un tenedor en ellas unas cuatro veces cada una para crear agujeros para que el vapor escape. Rocíelos con aceite de oliva. Hornee durante 1 hora, luego retírelo del horno y deje enfriar. Reduzca el calor a 350 oF.

2. Mientras las patatas están horneando, calienta una sartén grande a fuego medio. Dore las rodajas de champiñones, revolviendo ocasionalmente, durante 10 a 12 minutos. Cuando terminen, deben ser tiernos y dorados. Retirar del fuego y reservar.

3. Cuando estén lo suficientemente fríos como para manipular, corta las papas por la mitad a lo largo. Usa una cuchara para sacar el interior de cada mitad en un tazón grande, dejando una capa muy delgada cerca de la piel para ayudar a la piel a mantener su forma. Machacar las papas hasta que estén en su mayoría suaves con trozos pequeños. Agregue la mantequilla, la leche, el tomillo, el perejil, la cebolla en polvo, el ajo en polvo, la sal y la pimienta y revuelva hasta que se combinen. Doblar los champiñones y 1/2 taza de las cebollas verdes en la mezcla.

4. Vuelva a meter la mezcla en las pieles ahuecidas. Devuélvelos al horno y hornea durante otros 20 minutos. Retirar del horno. Rocía el queso de anacardo sobre cada patata, luego espolvorea los desmoronamientos de tocino y las cebollas verdes restantes en la parte superior. Servir inmediatamente. Conservar las sobras en un recipiente hermético en la nevera durante 1 a 2 días.

Hamburguesas de queso doble

SERVE 4

TIEMPO DE PREP: 25 minutos (sin incluir el tiempo para hacer Salsa Básica de Queso de Anacardo)
TIEMPO ACTIVO: 30 minutos TIEMPO DE INTEG.

1 cucharadita de aceite de oliva

1/2 cebolla amarilla mediana, picada

2 dientes de ajo picados

8 onzas de champiñones cremini (o champiñones abotonados), en rodajas

2 tazas de lentejas cocidas

2 cucharadas de aminoácidos líquidos (o tamari sin gluten; utilizar aminoácidos de coco para estar libre de soja)

2 cucharadas de levadura nutricional

1 cucharada de salsa vegana Worcestershire (sin gluten y/o sin soja si es necesario), opcional

1 cucharadita de comino molido

1 cucharadita de perejil seco

1/2 cucharadita de pimentón ahumado

1/2 cucharadita de sal

Pimienta negra al gusto

1 taza de avena laminada (certificada sin gluten si es necesario), además de más si es necesario

1/2 taza de harina de quinua

3 cucharadas de harina de almendras

2 cucharadas de harina de lino

4 bollos veganos de hamburguesa (sin gluten si es necesario)

Salsa básica de queso de anacardo

Fijaciones de hamburguesas opcionales: ketchup, mostaza (sin gluten si es necesario), mayonesa vegana (sin soja si es necesario), sabor, lechuga, tomates en rodajas, cebolla roja en rodajas, pepinillos

1. Precalentar el horno a 375 oF. Forrar una bandeja para hornear con papel pergamino o una me mate de silicona.

2. Caliente el aceite en una sartén grande a fuego medio. Agregue la cebolla, el ajo y los champiñones y saltee hasta que las setas estén tiernas y las cebollas sean translúcidas, de 4 a 5 minutos. Retirar del calor y transferirlo a un procesador de alimentos. Agregue 1 taza de las lentejas, los aminoácidos líquidos, la levadura nutricional, la salsa Worcestershire (si se usa), el comino, el perejil, el pimentón, la sal y la pimienta. Pulse hasta que estén completamente combinadas y todas las piezas sean de tamaño similar.

3. Transfiera a un tazón grande. Agregue las lentejas restantes, la avena, la harina de quinua, la harina de almendras y la harina de lino y mezcle hasta que se forme una masa gruesa. Si es demasiado líquido, agregue más avena. Si está demasiado seco, agregue agua junto a la cucharada hasta que ya no esté migaja. Debe mantenerse unido sin desmoronarse cuando se aprieta.

4. Use las manos para formar la mezcla en 8 empanadas y colóquelas en la bandeja para hornear. Hornee durante 20 minutos, volteando una vez a mitad de camino para asegurar una cocción uniforme. Rocía la salsa de queso sobre las tapas y hornea durante otros 5 minutos.

5. Para ensamblar, esparcir ketchup, mostaza, mayonesa y/o disfrutar en las mitades superior e inferior de los bollos. Coloca un poco de lechuga en el bollo inferior y apila dos empanadas en la parte superior. Cubra las empanadas con tomate, cebolla roja y/o pepinillos, como desee. Servir inmediatamente. Las hamburguesas sobrantes se mantendrán en un recipiente hermético en la nevera durante 4 a 5 días.

Tacos De Portobello Marinados con Salsa de Aguacate-Corn

HACER 8 TACOS

TIEMPO DE PREP: 25 minutos TIEMPO ACTIVO: 35 minutos TIEMPO DE INTEO: 15 minutos

11.2 tazas veganas pálidas o rubias (Ground Breaker Brewing IPA No. 5 y Brunehaut Bio Blonde son veganos y sin gluten)

Jugo de 1 lima

1 cucharadita de comino molido

1/2 cucharadita de ajo en polvo

4 champiñones portobello, tallos, branquias raspadas, cortados en rodajas de 1 pulgada

Aceite de girasol, para cocinar

6 a 8 tortillas de maíz (o tortillas de harina pequeñas)

salsa de aguacate y maíz

2 aguacates, deshuesados, pelados y cortados en cubos

1 taza de granos de maíz (frescos o congelados)

1 taza de cilantro fresco picado

1/2 taza de cebolla roja picada

2 cucharadas de jugo de lima

1 cucharada de jalapeño picado

Sal al gusto, opcional

1. Combine la cerveza, el jugo de lima, el comino y el polvo de ajo en un plato de hornear poco profundo. Agregue las tiras de portobello y reveste para cubrir completamente. Marinar durante 30 minutos, moviendo las tiras alrededor cada 10 minutos.

2. Mientras las tiras de portobello están marinando, haz **la salsa:** Combina todos los ingredientes en un tazón, cubre y enfría hasta que estén listas para usar.

3. Caliente una sartén grande, preferiblemente de hierro fundido, a fuego medio. Añade un par de cucharaditas de aceite e inclina la sartén para cubrir uniformemente la parte inferior. Agregue aproximadamente la mitad de las tiras de portobello y cocine durante 10 a 15 minutos, girando cada pocos minutos, hasta que esté tierna y ligeramente carbonizada, y la mayor parte del líquido haya sido absorbido. Transfiera las tiras a un plato o tazón y cúbralos con papel de aluminio. Agregue otro par de cucharaditas de aceite a la sartén y repita con las tiras restantes.

4. Calienta una plancha o una sartén a fuego medio (o simplemente limpia la sartén en la que cocinaste las tiras de portobello y reutilízala). Cocine las tortillas durante 30 a 60 segundos a cada lado, colocándolas en un plato y cubriendo con papel de aluminio cuando estén hechas.

5. Para servir, coloque unas tiras de portobello en una tortilla y cubra con la salsa de aguacate y maíz. Las sobras se mantendrán en la nevera en recipientes herméticos separados durante un máximo de 4 días.

Lazy Vegan Chile Relleno Casserole

SERVE 3 O 4

TIEMPO DE PREP: 10 minutos (sin incluir el tiempo para hacer la salsa básica de anacardo o queso Pepperjack)
TIEMPO ACTIVO: 20 minutos TIEMPO DE INTEGIóN: 45 minutos

Espray de aceite de oliva

6 chiles verdes enteros enlatados (de tres latas de 4 onzas o el equivalente), enjuagados y escurridos

1 tortilla de maíz, más más para servir

Un bloque de 14 onzas de tofu extra firme, escurrido

1/4 de taza de leche no aireada sin endulzar

1 cucharada de aceite de oliva

1/3 de taza de harina para todo uso sin blanquear (o mezcla de harina sin gluten)

2 cucharadas de harina de maíz (certificado sin gluten si es necesario)

1 cucharadita de polvo de hornear

11.2 cucharaditas de comino molido

1 cucharadita de cilantro molido

1 cucharadita de cebolla en polvo

1 cucharadita de ajo en polvo

1/2 cucharadita de sal

1/2 cucharadita de pimienta negra

 Salsa básica de anacardo o queso Pepperjack
Cilantro fresco picado, opcional

Salsa, opcional

1. Precalentar el horno a 375 oF. Rocíe ligeramente una sartén redonda de 10 pulgadas con aceite de oliva.

2. Cortar los chiles por la mitad a lo largo y limpiar el interior de las semillas restantes. Corta las mitades por la mitad a lo largo, luego corta todas las tiras por la mitad transversalmente. Deja a un lado.

3. Corta la tortilla por la mitad. Deja a un lado.

4. Combine el tofu, la leche y el aceite de oliva en un procesador de alimentos y procese hasta que quede suave.

5. En un tazón grande, mezcle la harina, la harina de maíz, el polvo de hornear, el comino, el cilantro, la cebolla en polvo, el ajo en polvo, la sal y la pimienta. Agregue el tofu puré y revuelva hasta que se combine. Doblar los chiles y tiras de tortilla.

6. Extienda la mezcla en la sartén preparada y rocíe la salsa de queso por encima (usando tanto o tan poco como desee). Hornee durante 35 minutos o hasta que esté firme. Retirar del horno y dejar reposar durante 10 minutos antes de servir. Servir cubierto con cilantro y salsa (si se usa), y junto con tortillas de maíz cocidas (ver las direcciones bajo Tacos de Portobello Marinado con Aguacate-Maíz Salsa). Las sobras se mantendrán en un recipiente hermético en la nevera durante 2 a 3 días.

Jackfruit Carnitas Burrito Bowl

TIEMPO DE PREP: 30 minutos (sin incluir el tiempo para cocinar arroz y hacer repollo rojo encurtido y cebolla Sabor)
TIEMPO ACTIVO: 45 minutos TIEMPO DE INJEGIóN: 60 minutos

carnitas de la fruta de gato

Una lata de 20 onzas (envasada en agua o salmuera, no jarabe), enjuagada y escurrida

1 cucharada de aceite de oliva

1/2 cebolla dulce mediana, cortada en cubos

2 dientes de ajo picados

1 chile chipotle en salsa adobo, picado

1 cucharadita de orégano seco

1 cucharadita de comino molido

1 cucharadita de chile ancho en polvo

1/2 cucharadita de cilantro molido

1/2 cucharadita de pimentón

11.2 tazas de caldo de verduras con bajo contenido de sodio

Jugo de 1 lima

2 cucharadas de jarabe de arce

Sal y pimienta negra al gusto

crema de lima

1/2 taza de anacardos crudos, empapados en agua tibia durante al menos 1 hora y escurridos, con agua reservada

3 cucharadas de agua de remojo reservada

3 cucharadas de jugo de lima

1 cucharada de mayonesa vegana (sin soja si es necesario)

Sal al gusto

Tazón

3 tazas de arroz blanco cocido (o arroz integral)

Una lata de 15 onzas de frijoles negros, enjuagados y escurridos

1 taza de cilantro fresco picado

2 cucharadas de jugo de lima

Sal y pimienta negra al gusto

4 puñados de lechuga picada (o verduras para bebés)

2 tazas de tomates cherry cortados a la mitad

2 aguacates, deshuesados, pelados y cortados en rodajas

Repollo rojo en escacurrido y cebolla Sabor

1. Use los dedos o un tenedor para separar la fruta de gato hasta que se asemeje a la carne rallada. No te preocupes por las semillas, esas se ablandarán y se romperán mientras cocinan. Deja a un lado.

2. Caliente el aceite de oliva en una cacerola grande poco profunda o en un horno holandés. Agregue la cebolla y el ajo y saltee hasta que la cebolla esté translúcida. Agregue la fruta de gato y el chipotle y cocine, revolviendo ocasionalmente, hasta que la fruta de gato comience a pegarse a la sartén, de 5 a 7 minutos.

3. Agregue el orégano, el comino, el chile en polvo ancho, el cilantro y el pimentón y revuelva hasta que se combinen. Cocine durante unos 2 minutos. Agregue el caldo, el jugo de lima y el jarabe de arce. Poner a hervir, luego

reducir a fuego lento. Cubra y cocine durante unos 15 minutos, revolviendo un par de veces, hasta que el líquido haya sido absorbido y la fruta de la jomo comience a pegarse a la sartén. Retire del fuego y agregue la sal y la pimienta.

4. Mientras la fruta de gato está cocinando, hacer **la crema de lima**: Combinar los ingredientes crema en un procesador de alimentos y procesar hasta que quede suave, haciendo una pausa para raspar los lados según sea necesario. Enfríe hasta que esté listo para usar.

5. Combine el arroz y los frijoles en una olla (si acaba de cocinar el arroz, simplemente agregue los frijoles al arroz en la olla) y cocine a fuego medio durante unos minutos, hasta que se caliente. Retire del fuego y agregue el cilantro, el jugo de lima, la sal y la pimienta.

6. Para servir, llene cuatro cuencos con un puñado de lechuga cada uno. Agregue arroz y frijoles cilantro, carnitas de fruta de gato, tomates cherry y aguacate a cada tazón. Rocíe cada uno con crema de lima, luego decore con una generosa pila de sabor. Servir inmediatamente.

Variación

Si prefieres burritos (¿quién puede culparte?), no dudes en rellenar una tortilla con todos estos ingredientes.

VEGANO EQUILIBRADO

COMIDAS VEGANAS QUE LAS NUECES DE LA SALUD PUEDEN EXCITARSE

Ensalada de garbanzos chinos

SIRVE DE 4 A 6

TIEMPO DE PREP: 20 minutos TIEMPO ACTIVO: 15 minutos

1 cucharada de aceite de sésamo

3 tazas de garbanzos cocidos (o dos latas de 15 onzas, enjuagadas y escurridas)

3 cucharadas de tamari sin gluten (utilizar aminoácidos de coco para ser libre de soja)

4 tazas de repollo napa rallado (aproximadamente 1 cabeza pequeña)

1 taza de repollo rojo rallado

1 taza de zanahorias ralladas (3 o 4 zanahorias grandes)

1 taza de almendras en rodajas tostadas

1/2 taza de cebollas verdes en rodajas (partes verdes y blancas)

Una lata de 10 onzas de naranjas mandarinas (preferiblemente empacadas en jugo, no en jarabe), enjuagadas y escurridas

Una lata de 8 onzas en rodajas de castañas de agua, enjuagadas, escurridas y cortadas por la mitad

Galletas crujientes de arroz, desmenuzadas

aderezo de jengibre miso
1/2 taza de vinagre de arroz

2 cucharadas de aceite de sésamo

2 cucharadas de jarabe de arce

1 cucharada de miso de soja blanco (o miso de garbanzo)

2 cucharaditas de jengibre recién rallado

1. Calienta el aceite de sésamo en una cacerola poco profunda grande a fuego medio. Agregue los garbanzos y cocine durante un par de minutos. Agregue el tamari y cocine, revolviendo ocasionalmente, hasta que el líquido haya sido absorbido. Dejar enfriar durante unos 5 minutos.

2. **Para hacer el aderezo**: Revuelva todos los ingredientes en una taza o tazón pequeño.

3. Combine el repollo napa, el repollo rojo, las zanahorias, las almendras, las cebollas verdes, las naranjas mandarinas y las castañas de agua en un tazón grande. Agregue los garbanzos y el aderezo y el toss hasta que estén completamente combinados. Sirva inmediatamente, cubierto con galletas de arroz desmenuzadas.

Propina

Puedes preparar esto con anticipación preparando los garbanzos, la ensalada (sin las almendras), y el aderezo y almacenándolos por separado. Combina los tres elementos, más las almendras, justo antes de servir.

Pecan Pesto Spaghetti Squash con guisantes y col rizada

SIRVE DE 4 A 6

TIEMPO DE PREP: 15 minutos (sin incluir el tiempo para hacer Pepita Parmesano)
TIEMPO ACTIVO: 20 minutos TIEMPO DE INTEICO: 35 minutos

1 calabaza de espagueti mediana (2 libras), cortada a la mitad a lo largo, semillas retiradas

Espray de aceite de oliva

Sal y pimienta negra al gusto

1 cucharadita de aceite de oliva

1 chalota, picada

1 manojo (12 a 16 onzas) de col rizada, tallos remotados, picados

11.2 tazas de guisantes verdes (frescos o congelados)

Pepita Parmesano, opcional

pecan pesto
1/2 taza de trozos de nuez

2 dientes de ajo

2 tazas de verduras picadas de su elección (espinaca, col rizada o acelga)

1 taza de albahaca fresca picada, empapando libremente

3 cucharadas de caldo de verduras con bajo contenido de sodio (o agua)

3 cucharadas de aceite de oliva

2 cucharadas de jugo de limón

Sal y pimienta negra al gusto

1. Precalentar el horno a 400 oF. Forrar una bandeja para hornear con papel pergamino o una me mate de silicona. Coloque las dos mitades de la calabaza en la bandeja para hornear, corte hacia arriba. Rocíe ligeramente la parte superior con aceite de oliva y espolvoree con sal y pimienta. Hornee durante 35 a 45 minutos, hasta que la carne se separe fácilmente con un tenedor. Retirar del horno y dejar a un lado para enfriar.

2. Mientras la calabaza está asando, hacer **el pesto**: Combinar todos los ingredientes en un procesador de alimentos y procesar hasta que en su mayoría suave (pequeños trozos o piezas están bien), pausando para raspar los lados según sea necesario. Dejar a un lado hasta que esté listo para usar.

3. Una vez que la calabaza esté lo suficientemente fría como para tocar, usa un tenedor para partir la carne en hebras similares a espaguetis.

4. Caliente el aceite de oliva en una cacerola grande poco profunda a fuego medio. Agregue la chalota y cocine hasta que esté translúcido. Agregue la col rizada, los guisantes y las hebras de calabaza y cocine, revolviendo ocasionalmente, hasta que la col rizada comience a marchitarse. Agregue la salsa pesto. Pruebe y agregue sal y pimienta si es necesario. Sirva inmediatamente, cubierto con Pepita Parmesano, si lo desea. Mantenga las sobras en un recipiente hermético en la nevera durante un máximo de 2 días.

Variaciones

➤ ¿Estás de humor para la pasta? Sustituya la calabaza de espagueti por pasta cocida de su elección. El arroz sería otra buena opción. En cualquier caso, recoja la receta en el paso 2, haciendo el pesto.

➤ Para hacer esto libre de aceite, se puede reemplazar todo el aceite de oliva con caldo de verduras con bajo contenido de sodio o agua.

Copas de lechuga de tofu asadas por Chile

SERVE 4

TIEMPO DE PREP: 15 minutos (sin incluir el tiempo para hacer Salsa Tahini de Limón)
TIEMPO ACTIVO: 20 minutos TIEMPO DE INTEA: 45 minutos

tofu asado con chile

Un bloque de 14 onzas de tofu extra firme, presionado durante al menos 1 hora (ver Cómo presionar Tofu)

1/4 de taza de jugo de naranja

1 cucharada de aceite de coco derretido

1 cucharada de chile ancho en polvo

2 cucharaditas de jarabe de arce

1/2 cucharadita de ajo en polvo

2 pizcas de pimienta de cayena

1/2 cucharadita de sal

tazas de lechuga

1 lechuga de mantequilla de cabeza grande o 2 pequeñas, separadas en hojas individuales (ver Punta)

Salsa Tahini de Limón

1 zanahoria grande, pelada y rallada

1/2 pimiento rojo, cortado en rodajas largas y finas

15 a 20 cebollinos, recortados

Semillas de sésamo blanco o negro

1. Para hacer el tofu: Cortar el tofu horizontalmente para que tenga dos hojas planas. En dados ambas hojas en cubos de 1/2 pulgada.

2. En un plato de hornear poco profundo, combine el jugo de naranja, el aceite de coco, el chile en polvo ancho, el jarabe de arce, el polvo de ajo, la pimienta de Cayena y la sal. Agregue los cubos de tofu y reveste para recubrir. Marinar durante unos 20 minutos, revestir para recobrar cada 5 minutos.

3. Precalentar el horno a 400 oF. Forrar una bandeja para hornear con papel pergamino o una me mate de silicona. Extienda el tofu en la bandeja para hornear. Hornee durante 25 minutos, o hasta que los bordes estén crujientes y dorados, volteando una vez a mitad de camino para asegurar una cocción uniforme. Retirar del horno.

4. Para servir, llene una hoja de lechuga con una cucharada grande del tofu. Rocíe con salsa tahini. Cubra con una pizca de zanahoria, un par de trozos de pimiento rojo y 1 a 2 cebollinos. Espolvorea con semillas de sésamo. El tofu sobrante se mantendrá en un recipiente hermético en la nevera durante 3 a 4 días.

Propina

Para evitar que las hojas de lechuga se desgarren o se desmoronen cuando las retires de la cabeza, corta la base del cabeza primero.

Buddha Bowl

SERVE 4

TIEMPO DE PREP: 10 minutos (sin incluir el tiempo para hacer repollo rojo en escabe cerca y salsa de cebolla y salsa Tahini de limón o aderezo ranchero de aguacate)
TIEMPO ACTIVO: 40 minutos

2 batatas medianas o ñames, peladas y picadas en cubos de 1 pulgada

Espray de aceite de oliva

2 pizcas de pimentón ahumado

Sal y pimienta negra al gusto

3 tazas de agua

11.2 tazas de groats de trigo sarraceno asado (kasha)

2 a 3 tazas de espinacas picadas

11.2 tazas de frijoles calientes cocidos (o una lata de 15 onzas), enjuagados y escurridos; o usar otro frijol de su elección)

1 pepino en rodajas

1 aguacate, deshuesado, pelado y en rodajas

Repollo rojo en escacurrido y cebolla Sabor

Salsa De Limón Tahini o Aderezo Rancho de Aguacate

1/3 taza de pepitas tostadas (semillas de calabaza)

1. Precalentar el horno a 425 oF. Forrar una bandeja para hornear con papel pergamino o una me mate de silicona. Esparce los cubos de batata en la sartén y rocía con aceite de oliva. Agregue el pimentón, la sal y la pimienta y reveste para cubrir. Hornee durante 30 minutos, o hasta que estén tiernos y dorados, torándolo una vez a mitad de camino para asegurar una cocción uniforme. Deja a un lado para enfriar.

2. Mientras se cocinan las batatas, cocine los groats de trigo sarraceno: Hierva el agua en una olla mediana. Agregue los groats de trigo sarraceno y vuelva a hervir. Reduzca el fuego, cubra y cocine a fuego lento hasta que la mayor parte del agua haya sido absorbida, de 11 a 12 minutos. Retirar del fuego y añadir sal.

3. Para servir, llene cada tazón con espinacas, groats de trigo sarraceno, frijoles, batata, pepino, aguacate y repollo. Rocíe con aderezo y cubra con pepitas tostadas.

Variación
▶ Puedes cambiar los groats de trigo sarraceno con 3 tazas de grano cocido de tu elección, como arroz, quinua, mijo, amaranto o incluso farro (aunque eso no estará libre de gluten).

Envolturas de collar de hummus de remolacha

SIRVE DE 4 A 6

TIEMPO DE PREP: 15 minutos **TIEMPO ACTIVO:** 20 minutos **TIEMPO DE INTE INACTIVO:** 20 minutos

hummus de remolacha

1 remolacha grande, pelada y picada

11.2 tazas de garbanzos cocidos (o una lata de 15 onzas, enjuagada y escurrida)

2 cucharadas de tahini (sin gluten si es necesario)

2 cucharadas de aceite de oliva

2 cucharadas de jugo de limón

1 diente de ajo pelado

Una pizca de pimentón ahumado

Sal y pimienta negra al gusto

Envuelve

6 hojas grandes de cuello, limpias, secas, tallos retirados

2 zanahorias peladas y julianas

1 pimiento amarillo, en rodajas

1 aguacate, deshuesado, pelado y en rodajas

Brotes de frijol (u otros brotes)

1. Coloque la remolacha en una olla pequeña y cúbralo con agua. Poner a hervir, luego reducir a fuego lento y cubrir. Cocine hasta que la remolacha

esté lo suficientemente tierna como para ser perforada fácilmente por un tenedor, de 8 a 10 minutos. Retirar del fuego.

2. Use una cuchara ranurada para transferir la remolacha a un procesador de alimentos (reservando el agua de cocción) y agregue los garbanzos, el tahini, el aceite de oliva, el jugo de limón, el ajo y el pimentón. Procesar hasta que quede suave, haciendo una pausa para raspar los lados según sea necesario. Si es demasiado espesa, agregue agua de remolacha junto a la cucharada hasta que alcance la consistencia deseada. Pruebe y agregue sal y pimienta según sea necesario. Enfríe durante 30 minutos o hasta que esté listo para usar.

3. Coloque una hoja de cuello plana, de abajo hacia arriba, y coloque cuidadosamente un cuchillo por la columna vertebral del tallo, afeitando la mayor parte del tallo grueso. Esparce un poco de hummus de remolacha en la hoja, dejando alrededor de una pulgada alrededor del perímetro. En la mitad de la hoja, paralela a la columna vertebral, se pone un poco de zanahoria, pimiento y rodajas de aguacate, luego cubra con una pequeña pila de brotes. Comenzando con ese borde (el más cercano a los empastes), enrolle la hoja de cuello sobre el relleno y continúe enrollando, metiendo el relleno según sea necesario, hasta que la hoja esté completamente enrollada. Cortar por la mitad y colocar en un plato, lado de la costura hacia abajo. Repita con las hojas restantes. Servir inmediatamente. El hummus sobrante se mantendrá en un recipiente hermético en la nevera durante 4 a 5 días.

Ensalada de quinua verde

TIEMPO DE PREP: 25 minutos (sin incluir el tiempo para cocinar quinua)
TIEMPO ACTIVO: 20 minutos

1 libra de coles de bruselas

1/2 taza de cebolla amarilla en cubos

1 diente de ajo picado

1 cucharada de agua, más si es necesario

11.2 tazas de calabacín cortado en cubos

11.2 tazas de edamame con cáscara

1/4 de taza de jugo de limón

1 cucharada rallada de ralladura de limón

1 cucharada de jarabe de arce

3 tazas de quinua cocida

3 tazas de hojas de acelga picadas

1/2 taza de albahaca fresca picada

1/2 taza de pistachos picados

Sal y pimienta negra al gusto

1. Cortar un brote de bruselas por la mitad a lo largo del tallo. Gire cada medio lado cortado hacia abajo y corte en rodajas finas en trozos. Repita con todas las coles de Bruselas. Deja a un lado.

2. Calienta una cacerola poco profunda a fuego medio. Agregue la cebolla, el ajo y el agua y cocine hasta que la cebolla se vuelva translúcida. Agregue más agua según sea necesario para evitar que se peguen.

3. Agregue las coles de bruselas, el calabacín y el edamame. Cocine durante unos 3 minutos, hasta que las coles de Bruselas apenas estén empezando a marchitarse. Retire del fuego y revuelva el jugo de limón, la ralladura de limón y el jarabe de arce.

4. Agregue la quinua, la acelga, la albahaca y los pistachos. Pruebe y agregue sal y pimienta si es necesario. Sirva inmediatamente o enfríe hasta que esté listo para servir. Las sobras se mantendrán en un recipiente hermético en la nevera durante 3 a 4 días.

No-Bake Zucchini Manicotti

SERVE 3 O 4

TIEMPO DE PREPARACION: 15 minutos (sin incluir el tiempo para hacer Salsa Marinara de Tomate Secado al Sol y Pepita Parmesan)
TIEMPO ACTIVO: 15 minutos TIEMPO DE INTECILA: 60 minutos

2 calabacines grandes

Sal

 Marinara de tomate secado al sol; o salsa marinara vegana comprada en la tienda

 Pepita Parmesano, opcional

1/2 taza de gasa de albahaca holgada

macadamia ricotta herbácea

1 taza de nueces crudas de macadamia, remojadas en agua tibia durante al menos 1 hora y escurridas, con agua reservada

3 cucharadas de agua de remojo reservada

2 cucharadas de jugo de limón

1 cucharadita de albahaca seca

1 cucharadita de orégano seco

3/4 de cucharadita de sal

1/2 cucharadita de miso de soja blanco (o miso de garbanzo)

1. Recortar los extremos del calabacín. Usa un pelador de verduras o mandolina para cortar la longitud del calabacín, haciendo tiras largas y delgadas. Poner las tiras de calabacín en un par de toallas de papel. Espolvorea con sal y deja escurrir durante unos 10 minutos. La sal ayudará al calabacín a liberar el exceso de agua y a suavizar.

2. Mientras el calabacín está drenando, hacer **la ricotta herbácea**: Combinar las nueces de macadamia, 4 cucharaditas del agua de remojo reservada, el jugo de limón, albahaca seca, orégano, sal, y miso en un procesador de alimentos y procesar hasta que quede suave, haciendo una pausa para raspar los lados según sea necesario. Si te cuesta hacer que el queso se mueva, es posible que debas añadir más agua de remojo una cucharadita a la vez hasta que se mueva más suavemente.

3. Seque el calabacín con una toalla de cocina limpia. Deseba dos rodajas de calabacín, una superpuesta la otra por aproximadamente la mitad. Cuchara 1 cucharada de ricotta en un extremo de las tiras. Tome los extremos del calabacín más cercano a la ricotta y rodar cuidadosamente sobre la ricotta. Continúe hasta que se enrolle completamente. Coloque en un lado de la costura de la placa hacia abajo. Repita con las rodajas de calabacín restantes.

4. Calienta la salsa marinara. Sirva el manicotti cubierto con salsa, Pepita Parmesano (si está usando) y gasa de albahaca. Mantenga cualquier ricotta sobrante en un recipiente hermético en la nevera durante un máximo de 7 días.

Variación
Las nueces de macadamia se pueden reemplazar con anacardos crudos o almendras, si estás pellizcando centavos.

HOMESTYLE VEGAN

COMIDA VEGANA HOMESTYLE "IGUAL QUE MAMÁ LO HACE"

EN ESTE CAPÍTULO

Sopa de garbanzos y dumplin'

Shiitake Stroganoff

Rollitos de repollo sin resercar

Cazuela de no atún

Tempeh con acristalamiento de barbacoa

Salchicha de shroom ahumado y goulash de patata roja

Sopa de garbanzos y dumplin'

SIRVE DE 6 A 8

TIEMPO DE PREP: 15 minutos TIEMPO ACTIVO: 40 minutos TIEMPO DE INTE INACTIVO: 15 minutos

5 cucharadas de mantequilla vegana fría (sin soja si es necesario)

1 cebolla amarilla pequeña, cortada en cubos

4 tallos de apio cortados en rodajas

3 zanahorias grandes, peladas y en rodajas

2 dientes de ajo picados

8 onzas de champiñones cremini (o champiñones abotonados), en rodajas

3 hojas de laurel

2 cucharaditas de tomillo seco

2 cucharaditas de romero seco

1 cucharadita de perejil seco

1/2 cucharadita de comino molido

1/4 de taza de harina de avena (u otra harina; sin gluten certificado si es necesario)

3 tazas de garbanzos cocidos o dos latas de 15 onzas, enjuagadas y escurridas

1 cuarto de caldo de verduras

11.4 tazas de harina sin blanquear (o mezcla de harina sin gluten, sin soja si es necesario)

1/2 taza de harina de maíz fina (certificado sin gluten si es necesario)

2 cucharaditas de polvo de hornear

1 cucharadita de bicarbonato de sodio

Sal y pimienta negra al gusto

1/2 cucharadita de ajo en polvo

1/4 de cucharadita de goma de mascar xantana (excluir si se utiliza harina para todo uso o si su mezcla sin gluten lo incluye)

3/4 de taza de leche no aireada sin endulzar (sin nueces y/o sin soja si es necesario)

2 cucharadas de perejil fresco picado

1. Derretir 1 cucharada de la mantequilla a fuego medio en un horno o olla holandesa grande (elija uno ancho para darle más superficie de dumpling). Agregue la cebolla, el apio, la zanahoria y el ajo y cocine durante unos 3 minutos. Añadir las setas y cocinar durante 3 minutos más, revolviendo ocasionalmente. Agregue las hojas de laurel, 2 cucharaditas del tomillo, el romero, el perejil seco y el comino y cocine durante 1 minuto. Agregue la harina de avena y revuelva hasta que la harina ya no sea visible. Agregue los garbanzos y el caldo, ponga a hervir, luego reduzca a fuego lento. Cubra y cocine durante unos 10 minutos, revolviendo cada poco minuto para evitar que se pegue.

2. En un tazón grande, combine la harina para todo uso, la harina de maíz, el polvo de hornear, el bicarbonato de sodio, 1/2 cucharadita de sal, el polvo de ajo y la goma xantana (si se usa). Agregue la mantequilla restante y use un cortador de pastelería o un tenedor para cortar la mantequilla en la mezcla de harina hasta que tenga una comida gruesa, similar a la textura de arena húmeda. En una taza o un tazón pequeño, combine la leche y el perejil fresco. Vierta sobre la mezcla de harina. Revuelve hasta que tengas una masa gruesa.

3. Descubra la olla y retire las hojas de laurel. Agregue la sal y la pimienta. Deja caer la masa en la sopa en 8 a 10 cucharadas grandes. Espaciar las albóndigas uniformemente, teniendo en cuenta que se expandirán. Cubra y cocine durante 15 minutos más, o hasta que las albóndigas estén sólidas. Espolvorea con más pimienta. Servir inmediatamente. Las sobras se mantendrán en un recipiente hermético en la nevera durante 2 a 3 días.

Shiitake Stroganoff

SERVE 4

TIEMPO DE PREP: 30 minutos TIEMPO ACTIVO: 25 minutos

12 onzas de pasta espiral (sin gluten si es necesario)

Un bloque de 12 onzas de tofu de seda extra firme extra firme

3 cucharadas de jugo de limón

1 cucharada de leche no endulzada sin aire (sin nueces si es necesario)

2 cucharaditas de vinagre de vino blanco

1 cucharadita de aceite de oliva

4 chalotas picadas

1 diente de ajo picado

1 libra de champiñones shiitake, tallos y rodajas (ver Variación)

1/2 taza de vino blanco vegano (o caldo de verduras con bajo contenido de sodio)

2 cucharaditas de levadura nutricional, opcional

1 cucharadita de pimentón

1 taza de perejil fresco picado

Sal y pimienta negra al gusto

1. Pon a hervir una olla grande de agua y agrega la pasta. Cocine de acuerdo con las instrucciones del paquete hasta que al dente. Escurra y reserve.

2. Combine el tofu, el jugo de limón, la leche y el vinagre en un procesador de alimentos y procese hasta que quede suave. Deja a un lado.

3. Calienta el aceite de oliva en una cacerola grande poco profunda a fuego medio. Añadir las chalotas y el ajo y saltear hasta que las chalotas estén casi translúcidas.

4. Agregue los champiñones y cocine, revolviendo ocasionalmente, hasta que las setas estén tiernas, de 10 a 12 minutos. Agregue el vino y cocine hasta que el líquido haya sido absorbido. Agregue la levadura nutricional y el pimentón.

5. Agregue la mezcla de tofu reservada y cocine hasta que se caliente. Agregue el perejil, la sal y la pimienta. Doblar la pasta y servir inmediatamente. Refrigere las sobras en un recipiente hermético durante un máximo de 3 días.

Variación

Puede utilizar otros tipos de setas, o incluso una mezcla de setas, para reemplazar los shiitakes.

Rollitos de repollo sin resercar

SERVE 8

TIEMPO DE PREP: 30 minutos (sin incluir el tiempo para cocinar arroz integral)
TIEMPO ACTIVO: 20 minutos TIEMPO DE INTEG-

Espray de aceite de oliva

1 repollo de cabeza grande (2 a 3 libras), descuartado y con núcleo

1 cucharadita de aceite de oliva

1 cebolla dulce mediana, cortada en cubos

2 dientes de ajo picados

1 pimiento rojo cortado en cubos

3 tazas de frijoles negros cocidos o dos latas de 15 onzas, enjuagadas y escurridas

Un tomate cortado en cubos sin sal sin sal

2 cucharadas de pasta de tomate sin sal

2 cucharadas de aminoácidos líquidos (o tamari sin gluten; utilizar aminoácidos de coco para estar libre de soja)

1 cucharadita de perejil seco

1 cucharadita de orégano seco

1/2 cucharadita de comino molido

1/2 cucharadita de pimentón

11.2 tazas de arroz integral cocido (u otro grano)

2 cucharadas de levadura nutricional

2 cucharadas de jugo de limón

Sal y pimienta negra al gusto

1. Precalentar el horno a 375 oF. Rocíe ligeramente un plato de horno de 9 × 13 pulgadas con aceite de oliva.

2. Pica cada cuarto de repollo en tiras de 1 pulgada. Deja a un lado.

3. Calienta el aceite de oliva en una cacerola grande poco profunda a fuego medio. Agregue la cebolla y el ajo y saltee hasta que la cebolla se esté volviendo translúcida.

4. Agregue el pimiento, los frijoles negros, los tomates con su jugo, pasta de tomate, aminoácidos líquidos, perejil, orégano, comino y pimentón. Cubra y cocine, revolviendo ocasionalmente, hasta que el pimiento esté tierno.

5. Agregue el repollo, cubra de nuevo y cocine hasta que el repollo esté suave. Agregue el arroz y cocine hasta que se caliente. Agregue la levadura nutricional, el jugo de limón, la sal y la pimienta. Retirar del fuego.

6. Transfiera al molde para hornear y hornee, sin tapar, durante 25 minutos. Dejar enfriar durante unos minutos antes de servir. Las sobras se mantendrán en un recipiente hermético en la nevera durante 4 a 5 días.

Cazuela de no atún

TIEMPO DE PREP: 5 minutos (sin incluir el tiempo para hacer Crema de Sopa de Champiñones)
TIEMPO ACTIVO: 20 minutos TIEMPO DE INTECILA: 20 minutos

Espray de aceite de oliva

1 libra de pasta (sin gluten si es necesario)

1 cucharadita de aceite de oliva

1/2 cebolla amarilla, cortada en cubos

11.2 tazas de garbanzos cocidos (o una lata de 15 onzas, enjuagada y escurrida)

Un corazone de alcachofa de 14 a 15 onzas, enjuagado, escurrido y descuartizada si está entero

1 cucharadita de tomillo seco

1/2 cucharadita de ajo en polvo

Sal y pimienta negra al gusto

 Crema de Sopa de Champiñones
2 tazas de papas fritas ligeramente trituradas al estilo de la tetera, opcionales

1. Precalentar el horno a 350 oF. Rocíe ligeramente un plato de horno de 9 × 13 pulgadas con aceite de oliva.

2. Lleve una olla de agua a ebullición y cocine la pasta de acuerdo con las instrucciones del paquete hasta que al dente. Escurra y enjuague con agua fría.

3. Mientras se cocina la pasta, calienta el aceite de oliva en una cacerola grande poco profunda a fuego medio. Agregue la cebolla y saltee hasta que esté translúcida. Agregue los garbanzos y las alcachofas y cocine durante unos 5 minutos, usando su espátula para desgarrar las alcachofas mientras cocinan. Agregue el tomillo y el ajo en polvo.

4. Use un machacador de papas para triturar suavemente los garbanzos y las alcachofas hasta que se machaque ligeramente con trozos. Agregue la sopa y la pasta y revuelva hasta que se combinen. Agregue la sal y la pimienta.

5. Retire del fuego, transfiera a la bandeja para hornear preparada y hornee durante 15 minutos. Espolvorea las papas fritas sobre la parte superior (si la usas) y hornea durante otros 5 minutos. Servir inmediatamente. Las sobras se mantendrán en un recipiente hermético en la nevera durante 2 a 3 días.

Tempeh con acristalamiento de barbacoa

SERVE 4

TIEMPO DE PREP: 3 minutos TIEMPO ACTIVO: 20 minutos

Un paquete de 8 onzas tempeh

1 cucharada de aceite de oliva

2/3 taza de salsa barbacoa vegana (casera o comprada en la tienda)

Sal y pimienta negra al gusto

1. Corta el bloque de tempeh por la mitad horizontalmente, luego corta cada mitad en diagonal para que tengas cuatro triángulos. Corta cada uno de ellos por la mitad horizontalmente para obtener ocho triángulos (todos deben tener el mismo tamaño de los cuatro triángulos originales).

2. Caliente el aceite en una sartén grande, preferiblemente de hierro fundido, a fuego medio. Agregue los triángulos tempeh y cocine durante 2 a 3 minutos por lado, o hasta que cada lado tenga marcas de cocción doradas.

3. Vierta la mitad de la salsa sobre los triángulos, extiéndala para cubrirlos, luego voltéelos para que cocinen en la salsa. Una vez absorbida la salsa, repite con la salsa restante. Una vez que toda la salsa ha sido absorbida, retirar del fuego y añadir sal y pimienta. Servir inmediatamente. Mantenga las sobras en un recipiente hermético en la nevera durante un máximo de 4 días.

Salchicha de shroom ahumado y goulash de patata roja

SIRVE DE 4 A 6

TIEMPO DE PREP: 15 minutos TIEMPO ACTIVO: 30 minutos

2 cucharaditas de aceite de oliva

1 cucharadita de semillas de hinojo

1/2 cucharadita de salvia molida

8 onzas de champiñones cremini, en rodajas

1 cucharada de aminoácidos líquidos (utilizar aminoácidos de coco para estar libre de soja)

1 cucharadita de tomillo seco

1/2 cucharadita de orégano seco

1/2 cucharadita de humo líquido

Sal y pimienta negra al gusto

1 cucharada de mantequilla vegana (sin soja si es necesario)

1 cebolla roja pequeña, en rodajas finas

2 dientes de ajo picados

1 cucharada de pimentón húngaro (o pimentón regular)

3 libras de papas rojas, picadas en cubos de 1 pulgada

11.2 tazas de caldo de verduras con bajo contenido de sodio

1/2 taza de perejil fresco picado

Crema agria vegana (sin soja si es necesario), opcional

1. Precalentar el horno a 200 oF.

2. Caliente el aceite de oliva en una cacerola grande poco profunda o en un horno holandés a fuego medio. Agregue las semillas de hinojo y la salvia y cocine hasta que estén fragantes, de 2 a 3 minutos.

3. Agregue las setas y cocine durante aproximadamente 1 minuto. Agregue los aminoácidos líquidos, el tomillo y el orégano. Cocine hasta que los champiñones estén tiernos y dorados y el líquido se haya cocinado, por unos 7 minutos.

4. Agregue el humo líquido, la sal y la pimienta. Extiende los champiñones en la bandeja de horno preparada. Asar durante 30 minutos o hasta que sea necesario en el paso 7, lo que sea menor.

5. Mientras los champiñones están asando, derrita la mantequilla en la misma sartén que usó para cocinar los champiñones. Agregue la cebolla y saltee hasta que esté translúcida. Agregue el ajo y cocine durante 1 a 2 minutos más, hasta que el ajo esté fragante. Agregue el pimentón y cocine durante 1 minuto.

6. Agregue las patatas y el caldo. Poner a hervir, luego reducir a fuego lento y cubrir. Cocine, revolviendo ocasionalmente, hasta que esté tierno, de 15 a 20 minutos.

7. Agregue los champiñones a las patatas, junto con el perejil. Sazonar con más sal y/o pimienta si es necesario. Sirva inmediatamente, cubierto con crema agria vegana (si se usa). Las sobras se mantendrán en un recipiente hermético en la nevera durante 3 a 4 días.

CONVERSIONES MÉTRICAS

Las recetas de este libro no se han probado con mediciones métricas, por lo que pueden producirse algunas variaciones.

Recuerde que el peso de los ingredientes secos varía según el volumen o el factor de densidad: 1 taza de harina pesa mucho menos de 1 taza de azúcar, y 1 cucharada no necesariamente tiene 3 cucharaditas.

Fórmula general para la conversión de métricas

Las onzas a gramos	multiplican las onzas por 28.35
Grams a onzas	multiplican onzas por 0.035
Libras a gramos	multiplican las libras por 453.5
Libras a kilogramos	multiplican las libras por 0.45
Las tazas a litros	multiplican las tazas por 0,24
Fahrenheit to Celsius	restan 32 de Fahrenheit

temperatura, multiplicar por 5, dividir por 9

Celsius to Fahrenheit   multiplican la temperatura Celsius por 9,

dividir por 5, añadir 32

Mediciones de volumen (líquido)

1 cucharadita de 1/6 onzas líquidas a 5 mililitros

1 cucharada de 1/2 onza líquida a 15 mililitros 2 cucharadas a 1 onza líquida a 30 mililitros

1/4 de taza de 2 onzas líquidas a 60 mililitros

1/3 de taza a 2 2/3 onzas líquidas a 79 mililitros

1/2 taza de 4 onzas líquidas a 118 mililitros

1 taza o 1/2 pinta a 8 onzas líquidas a 250 mililitros

2 tazas o 1 pinta a 16 onzas líquidas a 500 mililitros

4 tazas o 1 cuarto de litro a 32 onzas líquidas a 1.000 mililitros

1 galón a 4 litros

Equivalentes de temperatura del horno, Fahrenheit (F) y Celsius (C)

100 grados Fahrenheit - 38 grados Fahrenheit

200 grados Fahrenheit - 95 grados Fahrenheit

250 grados Fahrenheit - 120 grados Fahrenheit

300 grados Fahrenheit - 150 grados Fahrenheit

350 grados Fahrenheit - 180 grados Fahrenheit

400 grados Fahrenheit a 205 grados Fahrenheit

450 grados Fahrenheit - 230 grados Fahrenheit

Mediciones de volumen (seco)

1/4 cucharadita de 1 mililitro

1/2 cucharadita de 2 mililitros

3/4 cucharaditas de 4 mililitros 1 cucharadita de 5 mililitros

1 cucharada de 15 mililitros

1/4 de taza de mililitros

1/3 de taza de mililitros

1/2 taza de mililitros

2/3 tazas de mililitros de 158 mililitros

3/4 de taza de 177 mililitros 1 taza de 225 mililitros

4 tazas o 1 cuarto de litro a 1 litro

1/2 galón a 2 litros 1 galón a 4 litros

Mediciones lineales

1/2 de 11x2 cm

1 pulgada de 21 x 2 cm

6 pulgadas a 15 cm

8 pulgadas a 20 cm

10 pulgadas a 25 cm

12 pulgadas a 30 cm

20 pulgadas a 50 cm

CPSIA information can be obtained
at www.ICGtesting.com
Printed in the USA
BVHW051324090321
602012BV00008B/1240

9 781801 722551